全世界都想上的课
——传奇教师桥本武的奇迹教室

〔日〕黑岩祐治 著
王军 译
高益民 孙晋露 校

教育科学出版社
·北京·

大可绕远而行
——传奇国语教师桥本武

2009年10月12日，《恩师的条件》（本书日文原著第一版）出版4年后，日本放送协会NHK电视台依该书顺藤摸瓜，制作播出了一期节目——《导师 人生教科书 大可绕远而行——传奇国语教师桥本武》，从重视亲身体验、绕远跑题、用自制的研究资料上课三个方面，对桥本武先生以《银汤匙》展开的独特国语教学进行了报道。该节目在观众中引起极大反响，成为在日本全国引发"桥本武热"的一大热源。

之所以会引发"桥本武热"，"其激发学生学习欲的教学方法堪称完美"是一个极为重要的原因，而在其教学方法中，引起众多争议的"绕远""跑题""走岔道"又功不可没。

NHK这期节目的标题——"大可绕远而行"颇具匠心。

✹ "绕远"——给学生真正的学习能力

以一本小说展开授课仅一年，喜欢国语的《银汤匙》学生比率就由5%上升到了令人难以置信的95%，学习能力大幅提高。

✳ "跑题"——给学生真正的国语能力

第一届毕业生就让滩校的东京大学录取率实现了零的突破，且数量多达15名！第二届考入东京大学的学生增至39名，考入京都大学的学生52名，京都大学录取率全日本第一！1968年3月20日，东京大学发榜，桥本武的第三届学生，132名（定员200名）被东京大学录取，滩校成为东京大学录取率全日本第一的学校！……

✳ "走岔道"——给学生真正的、生存的、活着的能力

多年以后，他的学生广布各行各业，人生多彩多姿：东京大学校长、日本最高法院事务总长、日本律师联合会事务总长、国会议员、县知事（日本都道府县行政区的最高长官）、经济学家、社会活动家、电视台主持人、作家、医生、医学家、文艺评论家、企业家……

无论时代如何变迁，无论环境怎样变化，有了真正的学习能力——这根坚挺的脊梁，我们，总能走下去……

——桥本武

2012年6月9日，NHK专题节目播出约3年后，"桥本武老师特别国语课"又在日本广播电视协会日本电视台《全世界最想上的课》栏目中播出。在近10分钟的时间里，桥本武先生介绍了自己独特的《银汤匙》国语教学，并以"学""玩"两个字展示了以字、词为入口绕远跑题，深入开掘，最终"学""玩"相通，以"玩"通"学"，以"学""玩"作结的上课方式。

✳ 游戏=学习

小说中出现放风筝，就让学生做风筝、放风筝；出现了如今难得一见的杂果子，就找来让学生尝一尝、品一品；出现了《百人一首》中的诗歌，就在班里办《百人一首》抢牌赛……

✳ 一字一乾坤

小说中出现"丑红"（防止口内干燥的一种药物，因其于"寒丑"之日出售而得名）一词，桥本武便会由"丑"字"跑题"开去:从古代中国的天干地支，讲到表年历方位与时刻的正确方法，讲到"时入丑三，草木入眠"的真正含义，讲到预测人生运势的特殊功用，再深入到中国的五行思想、二十四节气中大自然的万千变化……一个"丑"字，愣是一节课都没能讲完!

✳ 一沙一世界

小说中的一个字、一个词，变成一个个深入到历史、文化、社会与生活内部的入口。忽而由日本各地的神话传说跑到阿拉伯的"一千零一夜"；不经意间又由日本的武勇传奇牵引出了中国的孙子兵法；由司空见惯的"寿司"讲到了"妻室用语"，从一间小小的"神社"讲到了"母子卧雪"的故事……直讲了个古今"日"外，天马行空!而最终呈现的，却是一个突破学科限制，强烈刺激学生好奇心、求知欲，博大精深又互有牵连的浩瀚世界……

就算没有实际意义，只要有趣就行了！

——桥本武

在媒体播放、刊登的画面中，桥本武的一个个"老学生"，从书架上抽出那本早已泛黄的《〈银汤匙〉研究笔记》的情景，让很多教育人感慨万千！

刚踏入社会不久就意识到，啊！刚刚做出的这个决定，刚刚采取的这个行动，不正是来自桥本先生当年的教诲吗？类似的事情，工作之后经常出现，一直到现在……

——平贺彻男（NHK常务董事）

桥本先生的课是参与型的，每个人都可以自由地发表意见，与其说是教，不如说是把大家的想法引导出来，再一起调整。在桥本先生的《银汤匙》课堂上，既可以自由发表自己的感受和思考，又能在比较中加深对自身的认识，并养成倾听、了解及尊重他人的良好习惯。比如我从事的医疗环境改善工作，不能因为自己认为好，就单方面地强加给别人。

真正理解了他人的想法和处境，才会有"真正的健康"。而对患者的倾听，也正是一名医师最为需要的……

——平野敏夫（东京劳动安全卫生中心代理理事）

虽说我从事的是法官工作，但最终说话的，并不是法律知识，而是我们常说的"综合素养"。综合考察不同社会领域的情况、现象，以此为基础展开思考，这一基本认知的坚实根基，正是在桥本老师的课堂里打下的。

——山崎敏充（日本最高法院原事务总长）

实际上，几乎每一宗案件都会涉及完全陌生的领域，就像当初坠机事件的遗嘱辩护，自然要触及航空工学，很多事情都要从零学起。而桥本老师教给我们的，就是要化无知为探索的入口，想尽一切办法，深入到不同事物的内部，探求它的本质和真髓。

——海渡雄一（日本律师联合会原事务总长）

我不要标准答案，只要你们当时最真实的感受和真正的想法，并把它们留在自己的笔记里。

——桥本武

目 录

热情洋溢的"慢速"课堂

东大①录取率全日本第一，这是神户私立滩校（初高中一贯制中学）享用多年的一顶夺目桂冠。而在该校任教达50年之久的传奇国语教师，99岁②高龄的桥本武先生，也引起了全社会的极大关注。

对我来说，桥本先生是最为亲近的一位恩师。滩校在读期间，我就总让他担心。当大多数滩高毕业生或入读东大，或入读其他大学医学部③时，我却在冲击东大的过程中连续两次落第，最终考入了早稻田大学。毕业后，我们也每年都要联系，从未间断。而两年一次的同学会，桥本先生也会赶来参加，就连我的婚姻，也是请桥本武先生做的媒。

① 东京大学，全书脚注均为译注。
② 此为写作"新版前言"时桥本武先生的年龄。桥本武先生生于1912年，2013年9月辞世，享年101岁。
③ 高考中，日本各大学医学部较其他学部偏差值（显示学习成绩名次的数值）较高。

实际上，引燃这股"桥本武热"的，正是我于2005年出版的那本《恩师的条件》（里昂社）。NHK[①]的制片人读过拙作后"深铭肺腑"，就来向我了解情况，并制作了一期专题节目——《导师 人生教科书 大可绕远而行——传奇国语教师桥本武》（2009年）。而看过这期节目的一位编辑，又继NHK之后找我了解情况，推出了《奇迹教室 H先生和<银汤匙>的孩子们》（伊藤氏贵，小学馆，2010年），并立即成为畅销书。就是从这里开始，一气点燃了"桥本武热"的熊熊大火！电视、报纸、杂志争相报道桥本先生的"慢速阅读"，而桥本先生也由此轰动一时。

在这一状况下，想读一读《恩师的条件》的读者怨声四起，抱怨"书店里买不到"。原来，因出版社自身原因，书已绝版。到网上一看，旧书售价也已是水涨船高。于是，在重拟书名，并追加、修改若干内容之后，就有了这次新版的刊行。

读完《恩师的条件》，桥本先生对我说："谢谢你。我的教育教学能得到你们的肯定，证明我并没做错。"但之后能引发如此巨大的反响，却是先生和我始料不及的。在该书出版后的第6年，突然性的人气暴涨不期而至，也实在可

---

① 日本放送协会。

以说是推行"慢速阅读"的桥本先生的"慢式风格"所应有的样子。

◆极致的慢速阅读

我入读滩中时桥本先生发已花白，一眼望去，和蔼可亲，想不到的是，他对纪律的要求非常严格。若有礼仪不到位、上课迟到等违纪学生，用出勤簿敲他们头的情景，对我们来说是家常便饭。

慢速阅读的详细情况将在正文中介绍，这里想说的，是其授课真正可谓独特这一点。初中3年从未用过文部省①审定的教科书，这3年时间，全部用于桥本先生自制教材的解读，即他亲自刻板印刷的中勘助的《银汤匙》②。若小说中出现了《百人一首》③的诗歌，就让我们背诵下来，并兴致勃勃地举

---

① 2001年后改称文部科学省。

②《银汤匙》是日本作家、诗人中勘助（1885—1965）的代表作品，自传体小说。前篇于1910年起笔，耗时3年，至1913年始告完成。在老师夏目漱石（中勘助为日本文豪夏目漱石门下著名的"漱门三羽"之一）推荐下，于同年4—6月在《朝日新闻》连载。时隔两年后，1915年4月，小说后篇的连载在《朝日新闻》重启，至同年6月，这个由一把"银汤匙"引出的少年故事，在主人公无奈的青春感伤中走向了尾声⋯⋯1935年11月，《银汤匙》岩波文库本（即约为A6尺寸的口袋书）推出。2003年，在岩波书店为庆祝创立90周年而推出的"我喜欢的岩波文库100本"活动中，前三位被夏目漱石和中勘助包揽，《银汤匙》紧跟夏目漱石的《心》与《哥儿》之后，高居该书榜第3位。

③ 和歌集。从100名诗人的作品中每人选取一首编纂而成，以《小仓百人一首》最为有名。

行抢牌大赛①；自己为《银汤匙》各章试拟标题； 作品中若出现传统甜点杂果子，桥本先生就带杂果子来教室，开品食会；出现了风筝，就做风筝、放风筝……没错，桥本先生的课，真的是彻头彻尾地慢。

这本教材至今端立于我的书架之上，是我无法舍弃的贵重宝贝。没有当年的课堂做根基，就不会有今天的我。

滩校推行的是六年一贯制教育，每届学生一进入初一，就要由同一位老师一直带至高三毕业。所以，能接受《银汤匙》教学的每六年才有一批。现在意识到虽有些晚，但我无疑是幸运的。

有这种感受的不只是我。前面提到的《奇迹教室　H先生和〈银汤匙〉的孩子们》作者伊藤氏贵拜访了接受《银汤匙》授课的那些"孩子们"，并把他们后来的发展呈现了出来。如东京大学校长滨田纯一先生、日本最高法院事务总长山崎敏充先生、日本律师联合会事务总长海渡雄一先生。只罗列这些名字，就几能窥其教育成果之丰硕了。实际上，刚听说要写《奇迹教室》时，心想我那本《恩师的条件》已把桥本武先生的魅力写尽了，再写怕是很难。但书一出来，拜读之

---

① 诗歌竞技游戏。将写有《百人一首》诗歌的纸牌排列好后，由一人念牌，参赛者拼抢写有所念和歌的纸牌。所抢纸牌多者为赢。

后也只能感叹，居然还有这样的探讨方式！在这里，向作者脱帽致敬。

听说，新版刊行之际不吝赐稿解说的橘木俊诏先生也受过桥本先生的熏陶。橘木先生是经济学家，以对贫富差距问题的论述闻名遐迩，而关于滩校，也著有《滩校 何以能一直保持"日本第一"》（光文社，2010年）一书，书中还提到了桥本先生和我那本《恩师的条件》。如有机会，推荐大家对比阅读，互相参照。

◆滩校的"自由"之风

若从外部看滩校，或会有"书山题海应试校"的印象，但实际上，这是一所自由之风吹遍所有角落的学校。

我在读时学潮蔚然成风，滩校也发生了罢课事件。没想到的是，突然有一天，时任校长胜山正躬先生竟全盘接受了学生们的要求，既有校规一律作废。而学潮也就此止息，校园又恢复了往日的平静，滩校也由此成为一所名副其实的自由校，让我们切身感受到了自由才有的快乐与绝妙。

只是，自由，不同于任性和随便，它与责任相伴，以遵守规则、纪律为前提，只是要忠实于自己，发挥的形式不受拘束。这，才是自由。而对最终结果，自己也要为之承担责任。整个滩校洋溢着的，就是这样的风气。

　　或许，正因为施教于这样的滩校，桥本先生才得以自由践行心目中的理想教育吧。若换成今天，超慢速阅读的桥本式课堂或许早被PTA①申诉，要求他"按教学大纲来！"，等等。但在当时还没有这样的家长。反而感觉，当时的家长们看到这样的课堂，也同样是津津有味。如何组织教学已全权委托给各位老师，如何发挥是他们的自由。

　　置身自由的绝妙不只能在授课中体会到，老师自身的生活方式也将之展现了出来。不只是桥本先生，其他老师也一样，如数学老师宫原繁先生，他对能乐与谣曲的兴趣就极为浓厚，中学教师之外，他还是一位出色的能乐谣曲研究家，还会在课堂上不请自唱，谣歌一曲。宫原先生是一位可与桥本先生比肩的名师，两人可谓"王与长嶋"②，不分伯仲。桥本先生飘逸潇洒，长于全局把握，而宫原先生则是感情细腻，思虑严谨。对学生们来说，能感受和比较老师们的不同个性，这样的环境也可谓奢侈了。

---

① 家长教师联合会，也译为家长教师联谊会。
② 指王贞治与长嶋茂雄。日本棒球选手。因两人难分高下，经常被球迷放到一起评论。

◆对每一个课题都要追究到底

1994年2月，桥本先生因"胸主动脉夹层"突然病倒。据说，这种病当场致患者死亡的概率非常高。更何况，桥本先生已是82岁高龄，生还可能性几乎为零。

桥本先生病倒后马上叫了救护车，救护车赶到后，先生虽很痛苦，好在还能说出经常就诊的那家医院。但紧急医疗救护员①在慎重诊察后认为，桥本先生的病情远比看上去的严重。于是，他们独立做出了异于先生意向的判断，决定送神户市立中央市民医院急救中心抢救。

果然，桥本先生的病情迅速恶化，在送医的救护车内，先生的心跳、呼吸一度停止，事态发展令人绝望。但为不让生命之灯熄灭，直至赶到医院，紧急医疗救护员都在拼尽全力施行胸外按压，他们的不懈努力也点燃了急救中心医疗人员的使命感。

为清除从大动脉内膜破口溢入胸腔的瘀血，医生们抱着一线希望施行了开胸手术。正常情况下，是必须通过正式手术换掉损伤的血管，或进行动脉搭桥等大手术的，但考虑到

---

① 日本医疗制度或国家资格的一种，具体指在送医途中在救护车内对患者采取施救措施的救护人员。日本《紧急医疗救护员法》规定，各地救护车内至少配备一名紧急医疗救护员。该制度确立后，日本各地救护车升级为高级救护车，以满足紧急医疗救护员的车内施救需求，而不只是负责运送病患至医院抢救。

先生的年龄和体力，这样的大手术已无法进行。据说，当时清除的瘀血之多，相当于两瓶瓶装牛奶。

之后，虽又几次陷入危急状态，但先生九死一生，最终还是醒了过来。在为先生的恢复能力和强大生命力惊叹的同时，也万分感谢创造奇迹的紧急医疗救护员的准确判断及应对能力，还有其与医院间的密切合作。

我在富士电视台从事报道工作时，抱着"要让本应得救的生命得救，哪怕只有一个"的信念，为催生具有医疗施救能力的急救队伍，连续两年，制作推出《急救医疗专题》节目。以此为契机，能在救护车内实施医疗抢救的紧急医疗救护员制度诞生了。我之所以能持续进行这一报道，也归功于先生的教诲："深入开掘，矿脉必现。"做梦都没想到的是，紧急医疗救护员制度诞生3年后，对我来说如此亲近的人就得到了紧急医疗救护员的救助。

在无比喜悦的同时，我也感觉到了与桥本先生间紧密相连、肉眼看不到的命运般的缘分。对我来说，桥本先生被"紧急医疗救护员"所救这件事，只用偶然来解释未免过于轻描淡写了。

亲眼见证桥本先生的奇迹，看到他将之归功于我（为紧急医疗救护员制度的诞生贡献了一臂之力）的高兴样子，才终于感觉自己报答了先生的教诲之恩。

◆与远藤周作①先生的缘分

关于桥本先生与急救医疗的专题报道，还有一个小故事。

因这一专题报道催生了新的急救队制度，我获得了第16届放送文化基金奖、平成2年（1990年）民间放送联盟奖，朋友们为我开庆祝会，庆祝会的发起人和致辞者，就是远藤周作先生。

远藤先生为我的专题报道提供了多种形式的支持，注入了压倒性的能量。比如，在《产经新闻》《花时钟》专栏的连载中，他以"难以置信，救护车内竟无医师"（见1990年4月10日号）为题，向读者介绍了我的专题报道，"具备医疗能力的急救队"的进展由此加速。

看到专栏文章后，我马上写信致谢，并送上拙作《将手术刀伸向急救医疗》。收到书信后，远藤先生又指名让我参加某月刊的对话企划。

在前往指定对话地点的东京都内某宾馆的路上，我的心怦怦直跳，难以按捺即将与远藤先生对话的期待。

实际上，这并不是与远藤先生的第一次会面。

---

① 远藤周作（1923—1996）是日本著名小说家、文学评论家和剧作家。战后日本第三代作家代表人物。其作品以日本天主教徒的独特视角闻名，渗透着对生命、人生、社会、文化、历史的深刻思考和沉重拷问。小说代表作有《黄种人》《留学》《沉默》《死海之滨》《待》等。

1974年秋，作为高考落榜的一名失意学生，我就曾到远藤先生工作的处所拜访过，就我们两个人，面对面交谈了一个多小时。

只能说，看不到的命运的红线，很久以前就把我们拴在了一起。

当时，我高中毕业就到东京，过起了失学者生活，并很偶然地看到了《今日失学者》一书，是狐狸庵先生，即远藤先生的幽默小说之一。正在拼死寻找心灵支撑的我立即被书名所吸引，当天就把书买了下来。就是这本小说，让我把书店内陈列的远藤先生的书一本接一本地贪婪地读了个遍。

远藤先生是旧制滩校第8届、昭和15年（1940年）的滩中毕业生，比我高34届。并且，他也是桥本先生的学生。正如本书第四章第三节中写到的，我的失学者生活刚开始时，有家杂志企划了桥本先生与远藤先生间的一次师生对话。对话中，听说就读时令人生畏的桥本先生成了宝塚歌剧团的发烧友，远藤先生大为吃惊，桥本先生"还击"道："这没什么。学生不也是会变的吗？比如曾任学生会会长的孩子，却会在文化节上献上一段很有宝塚风味的舞蹈表演，等等。"听闻此言，远藤先生说："哦？学生在文化节上跳舞?！这真令人难以置信啊。但即便这样跳，也是能作为应届生考入东大的吧？”而这次师生对话，就在远藤先生的这一感叹中收尾了。

这一感叹，让我的心情多少有点复杂。说实话，在文化节上跳舞的学生就是我。若我能如远藤先生所言，作为应届生考入东大，这就合乎那篇周刊文章的意料了。但或许，我也不会就此与远藤先生结缘。

虽不能归咎于跳舞，但我确确实实地受到了落榜的果报也是事实。就为把这一事实告知远藤先生，我给他本人写了封信。还写信告诉桥本先生，自己正为远藤文学所倾倒，并给远藤先生写了信。

桥本先生回信说：“既如此，我就介绍你跟远藤先生见一面吧。”信中，桥本先生还很热心地告知我远藤先生的电话号码。

远藤先生亲切地接待了我，可连我自己都说不清楚，我为什么坐在这里，来这里干什么。就因桥本先生说“跟远藤先生见一面吧”，我便就着这一热乎劲儿赶来了。

这一点，似乎已被远藤先生看透，所以，自始至终都是他挑起话头，问我在滩校就读时的事情、我的失学生活等，不知该谈什么是好的我这才终于得救，也得以度过一段快乐的时光。

谈话中，远藤先生还鼓励我说：“对你的将来，失学生活一定是有好处的，别灰心，加油！”

离开时，我已颇有些意气风发之感了。

正是这次会面，让我得以直接感受远藤先生骨子里的和蔼与善良，即在远藤文学中流动着的，对弱者的无限关怀与同情。他将之表述为"哀愁的一体同感"。内心的痛楚，只要亲身感受过一次，就会通过想象感受到他人的痛楚，而痛苦过的人们也能心心相印，彼此相通。而正是这一教诲，直接决定了我的人生观。

时光流逝，日月如梭，转眼17年过去，我又因前面所说的对话企划而与先生重逢，内心深处的怀旧之情汹涌澎湃。可万没想到，一见面，我们便直接进入了正题……总感觉，远藤先生好像忘记了当时的事情。对话结束后，我鼓起勇气直接问先生：

"您现在还住在涩谷的那栋楼里吗？"

远藤先生闻言站住，有些吃惊似的盯住我的脸，重新审视了一番。

待我提起17年前的那次拜访，远藤先生突然露出了惊讶的表情说："那时候来找我的，就是你吗?!"

直到这时，我所感知到的命运性关联才得以与先生分享。原来，远藤先生对我的托举非因我是他的学弟，也非因我曾拜访过他……

我不是命运论者，也不是超科学论的信奉者，但当我回头审视紧急医疗救护员制度的整个诞生过程，及其后所发生的事情时，却又会强烈地感受到，正是与桥本先生、远藤先生等人之间"不可思议之缘"的相互穿插，多次重叠，才最终织就了这一"锦缎"。

◆以先生直接传授的做事方法前行

急救医疗的专题节目结束后，我也一直谨遵桥本先生教授的方法做事。"就是它！"一旦认定某一课题，就要追究到底，不达目的誓不罢休。

在今年（2011年）春天的神奈川县知事竞选中，突然成为候选人的我，抱起太阳能发电板，坚持不懈地为废除核电而奔走呼吁。因福岛第一核电站事故而能源不足的今天，能解大家燃眉之急的就是它！我发誓："4年之内，为200万户家庭安装太阳能板！"我呼吁："从神奈川掀起一场能源革命！"当选后，一场席卷全国的太阳能利用热潮扑面而来，无人关心太阳能发电的日子一去不返。菅直人总理①也在G8峰会②上承诺，要为1000万户家庭安装太阳能板。事态进展之

---

① 第94任日本内阁总理大臣。任期15个月，2010年6月－2011年9月。
② 八国集团首脑会议。

快，与从制作急救医疗专题节目到紧急医疗救护员制度立法的一气呵成，别无二致。

我在知事竞选中打出的口号——"让生命焕发光彩的Magnet（磁石）神奈川"，也是我从事新闻工作时的理念体现：对"生命"与"Magnet"的执着。"生命"一词我不用汉字而用日本特有的平假名，因为这才能把平假名特有的温暖、关怀、跃动气息传达出去，而对用词毫不妥协的执着，也是来自桥本先生的直接教导。

"Magnet"一词本用于医院。1991年，在我把护士不足视为社会问题进行报道的当时，因护士工作环境严酷，护士们纷纷请辞而去，各医院也正为召集护士而伤神。可居然有的医院却并非如此，虽未费心费力，很多特别优秀的护士却自动前往，"想去那里工作"！而这样的医院就被称为"Magnet医院"，意为具有磁石般吸引力的医院、富有魅力的医院。好护士汇集于此，当然就会有好的医疗，在病患的好评中，又会有优秀的医疗人员加入，医院运营也就处于良性循环之中。

这个词，完全可以用于医院之外。只要将"医院"置换为其他词语，就会涌现各种不同的画面。若某一地区有志于成为"Magnet地区"，会吸引人们成为本地居民；若某家企业有志于成为"Magnet企业"，会令人想前来就职；若商店（街）有志有成为"Magnet商店（街）"，顾客会不嫌其远专程光顾……

而"让生命焕发光彩的Magnet神奈川"，就是能让居民为长寿而喜的神奈川，让人忍不住想去走一走、住一住的神往之乡。

顺便一提的是，就任县知事不久，我就有机会与桥本先生见了一面，他紧紧握住我的手高兴地说："黑岩君以前是新闻工作者，但你有政治家的精神和气质，所以，我一直认为你将来会从政。现在，能亲眼看到你成为知事，真的是非常开心。"

◆非开心无以成教育

作为知事思考教育问题时，"Magnet"一词同样为我指明了前进的方向。真心希望老师们，一定要把孩子们培养成"Magnet人"，即富有吸引力的人。

像滩校这样的私立学校各有其校风，怎么都会吸引与学校特色相宜的孩子们前来就读。但公立学校不同，后者无所不包，校园内生活着各种各样的孩子。既有富裕人家的子女，也有家境清苦的子女；既有来自大家庭的子女，也有独生子女。在这种情况下，拥有"Magnet"的吸引力就非常重要，也可以说，拥有磁石般的吸引力，才是公立学校的魅力所在。

当然，拥有"读写运算"最低限度的基础能力是必要的。但在此基础上，还要拥有"这就是我"的辨识性项目，哪怕只有一项。可以是赛跑，可以是唱歌，也可以是画画，只要找到自己的强项，就能成为"Magnet"。

要找到能令自己全身心投入之事，只要选择感觉开心的事去做就能办到。富士电视台以"非开心无以成电视"为宗旨，制作播出的节目风靡一时，而"非开心无以成教育"也可谓之真理。

具体到我自己，能感受到学习的开心和有趣还要归功于桥本先生。相信在读过本书之后，您也一定会有所体会。

想必，当孩子们全神贯注于某件开心的事情时，若能被赞扬一句"太了不起了"，他们也会突然地干劲十足。教师的作用，就在于发现每一名学生的优点并加以赞扬，激发孩子们的干劲与潜力。也就是说，帮助每一名学生发现其自身的"Magnet元素"，正是为人师的奥妙所在。

桥本先生今年已是99岁高龄，所以，一听说今年6月他要在滩中的周六讲座开讲《银汤匙》，我真的难掩吃惊。据说，为改写讲义好适应现在的孩子，他要全神贯注地笔耕到深夜。从前，桥本先生就一直认真对待我们这些学生，而他自己也是不断精进，出人意料的是，直到今天，这么大年纪了，他的这一态度也未曾有丝毫削减。今天，能够怀着这样一腔如火热情投身工作的老师，到底还有多少呢？在教师队伍中，只要有一位能因桥本先生的存在而发愤图强，我相信，日本的未来就一定是光明的。

而我自己，每次与桥本先生见面，也都能从充满活力的"恩师"那里再一次获得活着的力量。再一次感谢桥本先生。

黑岩祐治

2011年7月

序
恩师的条件

正在教育一线苦恼的教师朋友们，您被称为"恩师"的那一天何时才会到来？

在今天的教育一线，失去自信的老师与日俱增，教师"旷课"也成了街谈巷议的不小话题。仅2003年一年就有74名教师自杀。在关于东京都教育的一项意识调查（2003年）中，问及"您对教师有何期待？"时，不分成人、孩子，高居第一位的回答是"能通过授课激发孩子的兴趣、引发（对事物的）关注"，居于第二位的是"适当评价孩子，推动其成长"。

但在问及"您认为，教师对激发孩子兴趣与关注的学习方式重视吗？""对针对每一名学生进行的指导重视吗？"时，成人们的回答是否定的，前者为40.1%，后者为49%。也就是说，上述数据将教师们的苦恼一目了然地呈现在了我们面前：明知社会与学生对自己的期待，却又无法充分满足。

　　不仅如此，如果面对的是自身尚有学习意愿的学生，这还好一点，但若面对的是连自己为什么来学校都不知道的那些学生，教师究竟又能做些什么呢？面对身穿校服，化着浓妆，夜间徘徊于涩谷、新宿①，将性视为商品出售的女初中生、女高中生时也一样，只要她们还是在校生，就能保证源于学生身份的"生意"，并能从父母那里要零花钱，还可以以女学生这一"品牌"为武器，通过援助交际等卖春行为获利，将成年人玩弄于股掌之间。对于这些深谙只要将自己穿过的内裤带到店里就能换钱的"甜蜜现实"的少女们，你对她们说教何谓人间正道到底又有多大意义？可话又说回来，对此保持沉默、接受，任由她们在业已腐败的社会中固执地保有这片天地，难道就是自由主义社会所应有的一个方面吗？

　　这种情况还不算最坏，一眼便知是不良少女的孩子或许还能令人想到施救，或许还有救，但一个极其认真老实的小女生，校餐时把一名同级生叫到另一房间，用裁纸刀将其杀害，这样的冲击性事件，就着实令所有的日本人不寒而栗了。如果这名小女生是远近闻名的不良少女，这样的事件我们或许还能接受，可一看到她就是一个"普通女孩子"的报

---

① 东京都内两处著名红灯区所在地。

道，我们却当真无法整理心情去理解事件始末了。当不意窥到潜藏于时代深处的黑幽幽的无底深渊，我们也就只好目瞪口呆，僵如木鸡……

校园里的孩子，其所思所想已然超出我们的各种想象，可只要他们还是学生，教师就要履行教、育之职，可想而知，教师的辛苦非同一般。当只对异性和时装感兴趣，至少是没有丝毫学习意愿的学生站在面前，教师们究竟该如何与之面对？说到底，教给这些毫无向学之心的学生以数学、英语、古文等，不过纯粹是在浪费人力和时间。明知学校教育并非万能，但只要选择了教师工作，就必须尽到教师的责任和义务。不得不说，教师，实在是太可怜了。父母的责任、家庭教育的重要性才是我真正想强调的，但现实却是，教师们不得不为放弃子女教育职责的父母们"擦屁股"。

与此相对，令人慨叹教师素质之低的事件也呈多发之势。教师性侵自己学生之类的事件几乎天天都有报道，而每当听到"这是位很受学生欢迎，也很热心于教育的老师"等议论时，内心就会被一种暗无天日的忧虑所苦。到头来，难道是教师和学生都败坏了吗？到底是坏学生败坏了教师，还是坏教师带坏了学生？

或许是因为媒体只会夸张报道极端事件，让大家对整体事态的严重性认识超出了实际情况，但即便排除这一因素，我们也不得不说，教育一线的日益涣散确实已然超出想象。

"尊仰吾师之恩"等，眼看就要成为可望而不可即的如烟往事，父母、学生、教师，各方的无力感与不负责任"相辅相成"，教育的躯壳化若继续发展下去，以普通国民的高水平教育支撑到今天的日本的国际竞争力大幅下降也将无法避免。

今日日本精彩尽失，围绕如何重振这个国家，各种论述可谓眼花缭乱，但多数情况下，议来论去都以论述教育作终，即归根结底还是教育问题。政治、经济、外交、文化，今日日本的方方面面，何以如此闭塞感四溢，如此缺乏活力，而每一个个体又何以如此自信全失，无精打采？若日本的疼痛只限于某一领域，尚能相应指出个别问题所在，并有望加以正确分析，可像今天这样，问题无处不在，已根本不可能归咎于某一个原因了。但一说"本质上是教育问题"，大家就像看到万能药一样，不由得点头称是了。

将日本社会的各种问题全归咎于教育，这很简单，但要问"既如此，我们具体该怎么办呢？"就很难作答了。看一看大张旗鼓打将出来、又不得不立即重新审视的"宽松教育"的多舛命途，解决教育问题的难度之大也就一目了然了。但我们又无法对这一根本性问题视而不见。毕竟，教育所肩负的使命非常重大。

说到底，人，才是一个社会的根本所在。是活力四射的社会还是绝望感笼罩的社会，归根结底还是人的问题。有活力四射的人，才有充满活力的社会。聚在一起的人，没有精、气、神，是无法创造一个充满生机的社会的。而能塑造人的，正是教育。没有健全的教育，就不可能有健全的社会。教育，是如何重视都不会过分的大事业。

既如此，要重建教育又该从何处着手呢？途径也有很多，但在这里，我想斗胆将目光集中到教师问题上。教育的原点是人与人之间的交往。没有师生间的真心相待、心心相通，复兴日本教育也就无从谈起。

而"恩师"，就是建立这一师生关系的关键词。日后，教师能否被学生称为"恩师"，或者说，日后，学生能否称自己的老师为"恩师"，就是关键所在。那么，能被称为"恩师"又需要哪些条件呢？

黑岩祐治

2005年3月

第一章

将教育祈愿刻入自制教材的国语教师

恩师的条件❶

做一位有能力满足期待的老师!

对老师的期待,不分成人、孩子,

居第一位的,是"能通过授课激发孩子的兴趣、引发(对事物的)关注";

居第二位的,是"恰到好处地评价孩子,推动其成长"。

一、"我"的教科书

我的书架上有一本非常陈旧、一直包着书皮的岩波文库[①]书。

这本书，连我自己都忘记了。它为什么会包着书皮？为什么会摆在那里都想不起来了？因一直包着书皮，看不到书名，也看不到书脊的这本薄薄的小书，完全被林立于书架中的大部头书本淹没，而它自己，也从未主动强调过自己的存在。

有一次整理书架，我无意中把它取了下来，打开封面，当第一页的标题跳入眼帘，一股热流瞬间便在心中涌动，难以遏制的怀念之情倏忽而至！这是中勘助所著的《银汤匙》，是中学时花3年时间，踏踏实实下功夫读过的，伴我走过了中学时代的国语课本。

[①] 日本岩波书店发行的日语文库本丛书，1927年7月10日出版。

色如红烧，多有蛀洞，扑鼻一缕古书的独有味道，红色水笔或铅笔的画线、圈词随处可见，也到处都能看到自己写下的感想，如"孩子特有的残酷""季节感""母亲难产的间接描写、侧面描写"，等等。37年前，我全力以赴学习国语的"历史"，就这样原封不动地留在了这本小书里。

我的母校是神户市的私立滩中学校。当时她就已作为东大升学校而闻名全国。我们这一期学生，即新学制第26届，240名毕业生中就有150人左右考入了东大，而我，则属于"考不进东大的小分队"，内心深处，对母校被称为东大升学校稍有抵触，但现在，就连曾有的自卑感都令我怀念，为曾在此读书而深感自豪了……

二、抛开文部省审定教材的国语教师

用岩波文库《银汤匙》作国语课本的，是滩校国语教师桥本武先生。桥本武先生生于明治45年（1912年），今年（2005年）已是93岁高龄，但精神矍铄，至今仍在以巨大的热情投入《源氏物语》的现代文翻译中。他老人家体内的巨大能量实在是令人叹服。37年前，我作为一名初一学生受教于先生时他就已55岁，记忆中，桥本先生一直是一位老人。

但他的想法却比任何人都新颖，也从不拘泥于琐事，好奇心十足，彻头彻尾视兴趣如命，不断借由兴趣拓展自己的世界，周身能量深不可测。

滩中学校是由白鹤、菊正宗、樱正宗三家酿酒公司合资，于昭和3年（1928年）兴建的一所私立学校。昭和9年（1934年）桥本先生21岁，赴任滩校国语教师，之后一直站立于该校讲台长达50年之久。滩校创立时，不过是一所新开的私立校，被视为当地公立校神户一中落榜后的"收容校"，但在"成为日本第一校"的号令之下，自昭和30年（1955—1965年）中后期开始，就作为东大升学校而崭露头角。

在滩校华丽转身为东大升学校的历史中，发挥中心作用的大功臣正是桥本先生。滩校的东大升学人数第一次名列全日本第一，发生在昭和43年（1968年）毕业的新学制第20届学生身上，是桥本先生连续六年担任班主任的一届学生。在六年一贯制的滩校，班主任也要由初一一直跟到高三，所以，我的初、高中国语老师也一直是桥本先生。而我们新学制第26届这批学生，也再一次刷新了蝉联成为东大升学人数日本第一校的滩校纪录，日本社会，也一定会将桥本先生的国语授课视为实现"东大梦"的"了不起的授课"。

但桥本先生实际教授的国语课，又与"应试国语"无缘，他根本就从未用过文部省审定的国语教材。所以，包括我在内，根本就不知道当时的初、高中语文课本长什么样子。先生说，"文部省教科书不会给学生留下任何东西"。

若用现在的话说，桥本先生的课，与其说是国语课，不如说是日语修养讲座更合适。

三、让《银汤匙》成为只属于自己的教材

《银汤匙》所描绘的世界，是日本明治时期氛围非常浓厚的东京工商手工业庶民区内的孩子们的世界。虽是以中勘助对童年时代的回忆风格写就，但由于其文字的生动性而经久不衰，几乎无法相信，这是前篇完成于明治44年（1911年）、后篇完成于大正2年（1913年）的一部作品。最早认识到该作品的价值，为其面世提供机会的是夏目漱石先生。在岩波文库的解说中，和辻哲郎这样写道：

> 漱石指出以下几点，大加赞赏：对儿童世界的描写前所未有，文笔细腻优美；行文中下了相当的雕琢功夫，却又不可思议地并未伤及真实；语感好；等等。

桥本先生用《银汤匙》作初中国语课本始于昭和25年（1950年），关于其经过，先生曾这样写道：

> 下定决心用《银汤匙》作教材，是在战争结束以后。在物资匮乏的直接影响下，教材供应严重不足，只好花费精力自己制作教材。一动手，就想既然是自己做，就索性把自己的特色做出来。而在我的心目中，要作初中国语教材，就没有比《银汤匙》更为合适的了。
>
> （《五十年竟成往昔·与滩校同行的半个世纪》）

视"国语"为"日本人常识培养科目"的桥本先生，将目光落到《银汤匙》这本书上，也可以说是慧眼独具。若唰唰唰地把这本小说读完或许不会留意，但若踏踏实实地下功夫一读就会发现，小说中，不只是有日语本身的韵味及其运用的妙趣，日本的历史、文化、传统、风俗、习惯等也是散嵌于其中。惹人注目、引人联想的材料俯拾皆是。

据说，桥本先生邂逅《银汤匙》是在昭和9年（1934年）。当时，他作为新任教师初赴滩校，与一位颇爱读书的好友交流读书感想，结果慢慢就发展成了读书竞赛，就是在这一竞赛中，先生偶遇《银汤匙》。

《银汤匙》确为佳作，但要用为教材，则就是说说容易做起来难了，将会是一项精力投入颇为巨大的繁杂工程。文部省审定的教科书配有教师用的教学指导大纲、教学手册，但先生只有一本"岩波文库"，要把它做成教材，就是在今天想来也确为一个大胆的举动。现在的国语教师，可能连这个想法都不会有，即便有，可能也不知该如何下手，从何处下手吧。

那么，桥本先生又是怎么做的呢？不用说，自决定用《银汤匙》作教材以后，一场艰苦的恶战便就此打响了。他先做了一本笔记，取名为《〈银汤匙〉教材性研究》，开始了为期一年的坚实准备。

四、自制教材的意义

通常，初中生入学时，会有大量的文部省审定教材发下来。但我们略有不同，与各科教材同时发到手里的，还有一本薄薄的岩波文库书——《银汤匙》，外加一大册厚重的《〈银汤匙〉研究笔记》。刚被告知这就是国语教材时，可谓是一头雾水，难以想象。但光听说不用文部省的审定教材，就不由得有些欢欣雀跃、满怀期待了。研究笔记的封面是学兄制作的版画，里面的文字虽是照排，但也并非书店里陈列的豪华版本，很朴素，怎么看都是手工自制的一本教材。就是这本研究笔记，浓缩了桥本先生的一腔国语教育热情，是他国语教育心血的结晶。

这本笔记的使用，始于昭和31年（1956年）毕业的新学制第8届学生。缘于前文提到的滩校学制，使用这本教材的并不是所有滩中学生，而只是桥本先生担任班主任的学生，所以，我们这一届，即新学制第26届的学生，就成了《银汤匙》国语课的第四代学生。直到今天，我都为自己能成为《银汤匙》国语课的一代学生而深感庆幸。

在用这一教材展开的国语课中，我的收获之大无以计量。课里既有自由，又有玩耍，还有对日语之美妙的发现。笔记中，也刻写着厚重的“历史”，四代《银汤匙》国语生使用期间进行过各种各样的修改，学兄们宝贵的学习经验，也密密麻麻地凝结在了每一页的研究笔记之中。

我用过的《〈银汤匙〉研究笔记》至今珍藏在神户老家。在塞满初高中时代用过的教材、成绩单、学生帽等用品的纸箱里，这本业已陈旧、翻得破烂不堪的研究笔记的塑料书皮至今原样未动，只是透明胶带已然泛黄，这里那里贴着的小纸条也已剥落……也许有人会想，中学时代的教材，你要保存到什么时候呢？是的，若是文部省教材或许会毫不犹豫地扔掉，但唯独桥本先生亲手制作的这一本，无论如何，我都无法扔掉。并且，具体到我个人，这本《〈银汤匙〉研究笔记》还具有特别的意义，即便说没有这本研究笔记就没有今天的我，也绝非言过其实。曾经，我因一时困惑想离滩中而去，当时把我留下来继续在此求学的，正是这本笔记。

五、第一次"人生咨询"

读初三的某一天，我心情沉重地去了桥本先生家。读初一时，因父母转职去了东京，我便从此与他们分开，过起了住校生活。初三时我犹豫要不要转学到东京，与父母一起生活。父母也极力劝我过去。可我却总也下不了决心。为做出最后的决定，不再因这件事而烦恼，我就在那个深夜拜访了桥本先生。而是夜与桥本先生的交谈，也成了我终生难忘的"珍贵时光"。

当时，我已基本确定要转学，但与桥本先生的夜谈却让我的心情发生了很大的变化，并最终做出了留在滩校就读的决定。但这一180度的大转弯却并不是因为桥本先生的挽留。

这里，有必要先说明一下我当时的处境。

当时，滩校已是远近皆知的东大升学校，聚集了为考入东大入读的各地学子。从初一开始，每个年级都有近10名离开父母只身赴"滩"的住校生。但我与他们不同，之前我是住在家里的，只因父母转职才被迫中途过起了住校生活。仔细想来，倘是今天，就为冲刺东大，初中时便离开父母住校绝非寻常之举，但在当时，这样的举动还不难接受和理解。今已成为著名律师，在律师界大显身手的一位男士，就曾因想家而经常夜里躲入储物室偷偷哭鼻子，当时大家还笑他"好没骨气"，可现在看来，这样苛责小学刚毕业的孩子就未免有些不近人情了。

我自己当初也一样，要说不想爸爸妈妈那就是撒谎。在新大阪站的站台上，看着他们乘坐的新干线远去，感觉就像今生不再谋面的诀别一样……住校生活中，自己当时的伤心难过，离别的情景，一次又一次地在脑海中浮现：发车铃一响，车门关闭，站在车厢连廊泪水直下的母亲的脸也移动起来，最终从我的视线中消失……孤零零被抛在站台上的我还是初中一年级的学生，感觉马上就要被孤寂和不安压扁……

不过，随着时光的流逝，我也逐渐习惯了住校生活，慢慢地不禁要讴歌起这样的中学时代来了。住在学校宿舍里的从初一到高三的学生都有，我们这些人年龄最小，得到了学长们的很多照顾。现已是财务省干部的一位学长当时就是一把做菜的好手，每天晚上都会做特制汤面，我也总是跟着享用。而今已成为医生的另一位学长则教我吉他。文化节的时候我们宿舍还全员出动演过戏剧，当时宿舍里我最小，又是男校，就把女角儿安排给了我。顺便一提的是，当时饰演我的恋人的那位，后来成了地方检察厅特别搜查部的检察官。

但对本就处于精神不安定期的孩子来说，父母不在身边的住校生活自然也有各种各样的弊病。特别是，有位老师是住校生活的反对者，将我青春期特有的某些离谱言行全都归罪于父母不在身边的住校生活了。但所谓言行离谱也没有加入不良团伙那样酷，就是与以前相比有些爱吵架的倾向。不巧的是，我当时的成绩多少又有些下滑，这位老师强烈建议父母让我转学到他们身边。最终，父母也让我去东京，而我自己的心情也开始一点点地发生变化了。

但我的转学意愿并不积极，当时的感觉就是怎么都行，无所谓了。如果我从滩中退学，要转读的也是东京的名校——私立麻布中学，并且由滩校转入还能免试，父母也已拜访过麻布中学的校长，可谓万事俱备，只欠我最后的决心了。但我却犹豫了。当然，这也是有原因的。

实际上，我并不是小学一毕业就考入了滩中。在进入滩中以前，我曾因投考落榜而在公立中学复读一年。复读虽无损于健康，但我自小要强，不服输之气倍于他人，所以，未能小学一毕业便踏入滩中这件事让我懊恼到无以复加。

当时，滩中的学生帽因色如马粪，即稍带绿色的土黄色，遂有"马粪帽"之称。戴着这样一顶帽子，别的不说，在街上一走那是分外醒目。备考中学时，这顶学生帽令我无比神往，但落榜之后，它在我眼里就只剩了令人不悦的马粪色，每在街上看到就心痛不已。正是要与这一感受一刀两断的信念支撑，我才于次年又一次参加了滩中的升学考试。总之，我有连读两年初一的经历。现在，已没有所谓初中落榜的事了，但我们那时候，落榜一次复读再考还是允许的，像我这样的"异类"，每个年级中都有几个。正因为入读滩中的经历如此波折，才使我难下退学的决心。

并且我当时还有一个想法，虽说复读了一年，但只要进入了滩校，高中一毕业便考入东大，也算是把"失去的"找回来了。当然，结果不过是大大地绕了一趟远路，最终我又在高考中连续两次落榜，进了早稻田……

六、先生的结论

表情严峻，只顾就转学一事向桥本先生倾诉的我，浑然不觉已是夜阑更深。而桥本先生始终和颜悦色，微笑着耐心倾听。当然，每次与先生见面都是如此，先生自己一般不多说。虽说我的倾诉是以转学为前提的，但若真想转学，可能就不至于在这样一个月夜跑到先生家里。在我的内心深处，一定是暗中期待桥本先生说服我打消转学的念头。在不停诉说的过程中，我自己也逐渐意识到了来找先生的这一真正意图。

但自始至终，先生却一句反对转学的话都没说。"转学就不要想了，让我们一起在滩校努力。" 就当时的心情来说，只要先生说这么一句，我马上就会改变主意，可这关键的一句，先生就是没有讲。何止如此，当先生终于开口，讲出的竟是令人意外的话。

"转学是好事，留下来，也是好事。非要说怎样好，我的看法是，转与不转难分上下，都好。"

这就是先生的结论。这让我深感沮丧。先生为什么不劝阻说"不要转学"呢？但话说回来，若先生当时说"转不转学无所谓"可能就会伤害我了。但先生并没这样说，而是安慰我说，"转与不转难分上下，都好"。就我的感受来说，这话出自先生对我的信任，言外之意是，"若是黑岩君，无论做出哪一选择，都能取得难分上下的好成绩"。

先生这话一出口，我不知道该说什么是好了，只好看着先生房间里直顶到天花板的书架发呆。这是先生的书房，墙壁都做成了书架，整个房间都包围在了各类全集与古书之中。来先生书房也不是第一次，我们同期的住校生也曾一起被喊来吃牛肉火锅，在桥本先生家里过夜，等等。此前，我就喜欢盯着这里的书架看，里面潜藏着一种刺激我的魔力。置身于溢满整个房间的书香之中，总有对知识的好奇心被轻轻撩动之感，总想有一天我也要有一个四壁都做成书架的书房。我要到处搜读书籍，将四壁的书架摆满。

这一次，当我再次望着这些书发呆，视线无意中停在了书架中的一个角落。那里摆放着前文提到的先生的手制教材，但与我们正在用的有所不同。我们是新学制第26届，而那里所摆放的，则是先生以前带过的第20届、第14届和第8届用过的教材。

七、前辈们的教材

"这是……以前用过的教材吗？"

为打破房间内的沉闷，我灵机一动，无心地问道。这一用意，桥本先生一定也感觉到了。他一边连声称是，一边一本接一本地把教材取下来在我面前打开，一一说明。

这就是上一代、上上代、上上上代的学长们用过的手制《〈银汤匙〉研究笔记》。

以前用过的这些教材我还是第一次看到。我们这一届的《〈银汤匙〉研究笔记》是印厂装订的，而第一代学长们的教材则是他们自己将一页页的刻印材料合拢在一起，亲手装订而成，远没有我们所用的"气派"。书本的装订方法，先生也在课上教过我们。先将刻印好的纸张对齐，用锥子扎好孔，再用风筝线缝制起来，除《〈银汤匙〉研究笔记》外，其他如古文教材等都是我们用上述方法自己装订的。

昭和25年（1950年）那会儿的纸质还很差，是略呈茶色、做工粗糙的日本草纸，用橡皮擦几次就会破，远不像现在这般雪白、坚韧、有光泽。并且，当时的印刷机性能也不好，印迹不清，即便是恭维也不能说易于辨认。研究笔记的不同之处不只是外观，内容也与我们所用的稍有不同，这也是《〈银汤匙〉研究笔记》在一代代的使用中不断进化的最好证明。而直接撞击我心灵的，也正是这些不同所传达的历史的厚重。

桥本先生似并未察觉到我的内心感受，而是滔滔不绝地讲起了与这些手制教材有关的往事。刚才还金口难开的先生，一说起教材的历史却是妙语连珠，一刻不停，直令人为其富于雄辩的口才而折腰，也把我特意赶来相商的最重要的转学之事给吹到爪哇国去了。最终，转学还是留在滩校还没个结论我就告辞了。

返回宿舍的路上，上一代、上上代、上上上代教材中已然模糊的文字和特有的书香一直在脑海里盘旋，泪水也不断地涌上来。反正漆黑的夜路也没人看到，我就索性抽抽搭搭地肆意了一路，把自己的感情尽情宣泄了出来。

直到与先生的这次夜谈，我才真正感受到所接受的国语教育的分量。若把桥本先生独自一人殚精竭虑这么多年的手制教材毫不吝惜地扔掉，那我就真的是太无情了。我坚信，这里，有我无法割舍的东西。我下定了决心。

第二天，母亲就到麻布中学校长那里道歉，取消了转校申请。

八、不合算的教学工作

桥本先生的手制教材都是钢板刻印的，连学长们所用的《〈银汤匙〉研究笔记》都是。今天，小学生都会用电脑打字了，要制作漂亮的书面材料已经很容易，什么叫刻印？小孩子们可能见都没见过。刻印又叫油印，就是把蜡纸铺在钢板上，再用铁笔把字一个个刻写在上面，刻写完成后，再用滚筒油印机印到纸上。在我读中学的时候，终于有了革命性的新产品——圆珠笔刻写纸，这就不需要再铺到钢板上刻了，直接用圆珠笔写就可以。当时还为竟有如此方便的创造发明而深为感佩。

对当时的老师来说，刻印还是一项基本功，而桥本先生又以刻印名人自称，他对自己的技术要求之高令人叹服，可以说已然抵达艺术之境，且其刻印数量之多也绝非他人所能企及。

看到先生超乎想象的刻板印刷品，没人不会惊叹。大大的文字忠实地展现了先生大胆敢为的性格，而其工整易读又让人不敢相信这是出自手写。除教材外，先生还自费出版了很多袖珍书籍，虽不是刻板印刷，但也都是钢笔写就的手写书……

在《五十年竟成往昔·与滩校同行的半个世纪》中，先生这样写道：

> 钢板刻写需要相当的时间、耐性和体力，所以，这一工作都是在家里完成的。后来发现，只有一种钢板，制作效果会有局限，而我对自己的刻写技术也不满意，就报了函授学习班，并自费购齐了刻印用具。工作还要自掏腰包那就不合算了，于是我也不再视之为工作，而干脆将其视为自己的兴趣。兴趣旨在自娱自乐，不会痛惜时间、劳力与花费。甚至反而会想，将自己的兴趣强加给学生是不是合适。可我就是这样的秉性，一有心仪的事物就深入其中，为之着迷。刻板印刷也一样，一旦感觉有趣起来，教育教学中所用的一切材料就全弄成了刻印，于是，每天都要抱一大摞印刷品去教室了。看到这样的老师，学生们也开心，甚至还有学生鼓掌相迎，我也就不再为此自责。并且，刚入学时一个喜欢国语的学生都没有，可到学年末，国语课也成了几乎所有学生都喜欢的科目。

看了《五十年竟成往昔·与滩校同行的半个世纪》我才知道，为提高刻印技术，先生竟报过函授班，也自然而然地感觉到，这些手制教材是渗透着先生汗水的"作品"，若不以相应的态度待之则对不起先生，非好好珍惜不可。

后来，我看到了自己孩子用的试卷，是出自印厂的漂亮彩印，我有些愕然，甚至生出了些许厌恶。用这些无法传达教师体温和热度的卷子，究竟要检测孩子们的什么呢？除能让教师轻松一些之外还能有什么用呢？

九、刻印教材的"可怕"气势

说到桥本先生的刻板印刷，最难忘的当属用草假名书就的手制古文教材。为让我们深味古典作品之趣，先生让我们直接阅读用弯弯曲曲的草假名写成的古文书。草假名写的古典作品在高考中100%不会出现，但在桥本先生那里，这与高考会不会出现全无关系。

可是，草假名古文书不可能轻易入手，更不可能作为教材大量购入分发给学生。若是现在，复印就可以了，可当时还没有今天这样的高性能复印机，于是，先生"骇人"地动用了刻板印刷，亲手将草假名原本"复印"了出来。

"先将蜡纸铺在原本上临摹下来，再把蜡纸铺在钢板上，刻出字的血肉。"这样的工作，只是想想就会令人倒吸冷气，先生却真的动手实施了。关于草假名古文的刻写，先生曾这样写道：

> 用这种方法，写一行要花整整20分钟。一页20行，即便不休息，也要花6小时40分钟才能刻完。137段的长文（《徒然草》，引者注）共3页又13行，就这样大致有个时间感地一点一点写下去。用铁笔在蜡纸上写需要相当用力，写着写着就指尖发麻，肩膀发僵。慢慢地，拇指、食指和中指也磨出了硬茧。后来不刻了，硬茧也是长时间不消，虽不是神经痛，但与左臂相比，右臂对凉风更敏感。
>
> （《五十年竟成往昔·与滩校同行的半个世纪》）

做到这种程度，就令人感到一股逼人的"可怕"气势了。先生自己也说，"这种'荒唐'的教材制作，只能说是个人兴趣了"。若是受人强制，如此苛酷的作业恐怕很难持久。但就像先生自己说的，这是"兴趣"，无须顾虑谁，想怎样就怎样，想做到何种地步就做到何种地步，这对不过瘾就难以罢手的先生来说，或许反会成为无须理由的快意之事。

很对不起先生的是，现在的我已无法流畅阅读草假名古文了。先生煞费苦心地把草假名的读法、字的草体写法教给我们，我却给忘了个精光……那是不是说，先生的努力就成"白费功夫"了呢？这样的想法我绝不会认同。

最近常听人慨叹，如今，像上班族一样例行公事的教师越来越多了。这些教师是绝不会像桥本先生一样"白费功夫"的，而先生何以如此呕心沥血地去刻印与高考全无关系的草假名教材，他们也一定无法理解。这样"白费功夫"又有什么用？反正学生长大后就忘掉了，这不是毫无意义吗？

作为上过先生课的一名学生，我想强调的是，先生白费过的那些功夫，已然化为我工作生活中的营养和血液，即便一个又一个草假名的读法已然忘却，但边说这是自己的兴趣边以逼人的可怕气势起早贪黑刻印教材的先生对教育所寄寓的那片情怀，却深深地铭刻在了我的记忆之中。更重要的是，先生在《〈银汤匙〉研究笔记》等刻印教材中投入的无以计量的教育热情，今已转化成一股巨大能量在我的体内继续燃烧……而这，才是"教育"本应有的样子，不是吗？

那么，先生究竟是如何用自己制作的教材上课的呢？下面，就让我再次回到37年前的自己，带着足够的精神准备，走进因全是"白费功夫"而令人惊叹的课堂……

第二章

自由奔放的课堂

恩师的条件❷

不辞劳苦、有创意、有个性、有笑声、有味道、肯钻研、会跑题！

要自己制作一本教材说说容易，但真要实施就得付出相当的劳力。

一旦决定要用手制教材，

就必须提前进行充分、缜密的准备。

而为让学生用起来有趣，

也需要创意和个性。

一、学习文章表现手法

　　身为教师，到底该教给学生们什么，又该如何教呢？现在，至少截至高中阶段的教育，每一位教师再没必要为此烦恼，因为，一个现成的系统业已打造完成。有文部科学省制定的教学大纲，有审定教材，还有教学指导用书，只要据此上课就能有个上课的样子了。

　　但若教师自行放弃了既定教材又会是怎样一番景象呢？从做出这一决定的那一瞬间，教师就要只身为此承担起所有的责任。当然没有指导用书，也没有教学标准。这就像突然由轻松的郊游改为要登顶珠穆朗玛峰。而桥本先生的《〈银汤匙〉研究笔记》，就是先生把小说《银汤匙》做成教材这一苦斗过程的载体！

　　既然是国语教材，无论如何都要让学生准确把握文章的内容，也得让学生理解语言的运用、修辞及表达。此外，为了让学生熟练掌握语言，还得让他们写写短文，学习文章的表现手法，等等。因此，研究笔记中分别为各章设置了"内容整理""词句意思""需要注意的词句""短文练习""鉴赏"等栏目，需要学生自己填写。这样一来，就能成为一本极富传统意味的国语教材了。但在这本自制教材之中，又处处闪耀着先生所特有的创意及个性之光。

《银汤匙》共计75章，前篇53章、后篇22章，各章均没有标题。先生最先留意到的就是这一点。他将此视为大好事，干脆就让学生自己为各章拟订标题，于是就在《〈银汤匙〉研究笔记》的首页预留了自拟标题的空间，并分上下两段，上段为"自己设想的标题"，下段为"学校确定的标题"。但没有标准答案，"学校确定的标题"也不是唯一的正解，重要的是让学生在拟订标题的过程中学会思考，并了解其他同学的想法。

我用过的那本《〈银汤匙〉研究笔记》中也记录着"自己设想的标题"和"学校确定的标题"。两相对比，自己当时的所思所想及前后变化似又在脑际浮现了出来。刚开始的几章，我"自己设想的标题"依次为"银汤匙的回忆""银汤匙的由来""关于伯母""我"，而"学校确定的标题"则依次为"故事开端""银汤匙的由来""伯母夫妇"和"章鱼小和尚"。其中，第二章的标题居然完全一致！当时，初一年级的课刚刚开始，师生同学间还比较生疏吧，起的标题也中规中矩，但顺各章看下去，标题就慢慢地奔放起来了，或者说是有了独创性。比如，学校确定的是"上课第一天"，我起的是"了不起，了不起"；学校确定的是"甲班的淘气包"，我起的是"自立"；学校的是"脱盗游戏"，我的则是"诱惑"；而到描写主人公口朋（我们都念作"方框朋"）似有还无的初恋章节，毫无羞涩之感地排列在"自己设想的标题"里的，是现在读来不免会脸红的"爱能忍得住吗""恋人啊！快快扑进我的怀里""恋爱大决战"，等等。

> 学生才读初一，太麻烦的事必须避开，做起来要开心有趣。
>
> 　　（《五十年竟成往昔·与滩校同行的半个世纪》）

先生用这句话明确了自己的用意，而一看到自己所起的标题，说我全然落入了先生的"圈套"也不为过。当然，任意妄为地给别人写的文章加标题也确实是有趣。对于公认的名著，通常情况下只会被动地去吸收，而若为之添加标题，情形就大不相同了。虽有点冒昧和不自量，却由此能动地进入了名著的世界之中。并且，以一名编辑的良好感觉给各章加上标题，就像亲身参与了该书的编辑制作一样，很有意思。

不只如此，因为没有正确答案，自己所加的标题也让这本《银汤匙》变身为自己独有的《银汤匙》了。它不再是毕恭毕敬供奉有加的"名著"，而成了被亲近感取代的自己的"作品"了。要是中勘助先生知道，有一章的标题竟是"爱能忍得住吗"，或许会斥责我亵渎他的作品，但这也正是小孩子的可爱之处吧。

二、课堂里的"'百人一首'抢牌大赛"

初中一年级年假过后的第一堂国语课，是"'百人一首'抢牌大赛"。大家把教室里的课桌拼到一起，再把纸牌摆到上面拼抢。如果说学校要举办抢牌大赛，或许并无稀奇之处，值得我们夸耀的是，我们抢牌，那是在上国语课。

实际上，这也是《银汤匙》研究的一部分。因为《银汤匙》前篇第十八章出现了这样的段落：

> 伯母还熟记《百人一首》中的诗歌，每晚就寝前，她就教我孤寂已极的一流诗节，坚持让我每晚背诵一两首。

伯母领一句"我下因幡道"，我就跟一句"我下因幡道"。

"松涛闻满山。"

"松涛闻满山。"

"诸君劳久候。"

"诸君劳久候。"

……

不知不觉，我就在跟诵中睡着了。背得好时，伯母就拍着我说："明天奖励你。快睡吧。"诗歌记得快时她就视我为神童一般，天一亮就向母亲等人夸耀："昨晚真了不起，两首很快就背完了！"虽然我并不明了诗歌的意思，只是由几个知道的词朦朦胧胧地想象，再把来自音节的感觉加进去，竟也对诗歌产生了浓厚的兴趣。当时，我还有一副用旧的诗牌，每一张都有绘图，尽管磨损严重，字画似也马上就会消失，但也能辨认出落满厚厚积雪的松树、红红的枫叶下站着一只鹿，等等。除了牌，我还有一本《百人一首》的装订本。而喜欢哪首诗，往往会由绘图及吟诗之人的姿态和表情而定。我喜

欢的几首是末松山之歌、淡路岛之歌、大江山之歌
等。每读末松山之歌，总有一种无法言说的阴柔的
孤寂在耳边回响，纸牌上的绘图则是松下海滨的美
丽波纹。而淡路岛之歌则又总催我泪下，海中的一
叶扁舟渐行渐远，群鸟亦振翅远去。而每听到大江
山之歌，我总会想起公主被妖怪掳入山中的绘书故
事。《百人一首》的作者中，我讨厌僧正遍照[①]、
前大僧正行尊[②]这些和尚，因为他们满脸皱纹，我
喜欢蝉丸[③]，因这名字真的很可爱。

（《银汤匙》前篇第十八章）

喜不喜欢某首诗因绘图而定，因蝉丸的名字可爱就喜欢
这位诗人等，正体现出了"等身描绘童心"的《银汤匙》的
行文特点。就《〈银汤匙〉研究笔记》来说，这一节就成了
我们学习《百人一首》的入口。

因是国语课，以此为契机一首一首去读解当然无可厚非，

---

① 僧正遍照（816—890）为日本高僧，俗名良岑宗贞，桓武天皇皇孙，大纳言安世之子。
② 前大僧正行尊（1055—1135）为敦明亲王之孙，12岁出家，鸟羽天皇即位时被选为
护持僧，作为高僧及诗人均有大名。
③ 蝉丸为日本平安年间诗人、音乐家，生卒年月不详。据说为宇多天皇八皇子敦实亲王
用人，也有其为双目失明的琵琶法师之说。

但桥本先生却不会这样做。桥本先生想要的，是我们能忠实体验《银汤匙》主人公□朋体验到的《百人一首》。

那□朋又是怎么做的呢？不管懂不懂，他是先把《百人一首》给背下来。不懂诗的意思也没关系，他会自己去想象，并吟着诗的音韵而生发了浓厚的兴趣。在桥本先生看来，我们还是中学生，这样面对《百人一首》就已足够，甚至于这才是《百人一首》之于我们的重点所在。在《〈百人一首〉解说》的卷首语中，先生这样写道：

> 我在初高中任教多年，但《百人一首》的课一次都没上过。或许是对孩童时玩过的《百人一首》纸牌印象犹在，总认为只要学生能深味其趣就已足够。

《百人一首》中很多都是爱恋之吟，把其中是是非非的复杂恋情解说给初中一年级的学生实在也没什么意义。对中学生而言，借由《百人一首》这一古典作品，让诗歌的音韵之美润物无声地浸入体内，意义似乎更为深远。并且在先生看来，纸牌游戏才是《百人一首》本应有的存在方式，一首首背下来，热火朝天地参加抢牌大赛，这才是《百人一首》本应有的学习方法。

我们的抢牌赛由桥本先生任读牌人，他也以自己的方式，将伯母入睡前念给口朋听的"孤寂已极的一流诗节"再现了出来，而我们这些学生就因着先生的诵读抢得面红耳赤。对我们而言，《百人一首》抢牌赛只是中学生活中令人开心的一大趣事，完全没有去学习什么的意识。而看着这样的我们，先生眼神中透露出来的，也正是果如所愿的欣慰和愉悦。

正如前文中的引用所示，桥本先生从未在课堂上讲过《百人一首》的相关内容，但他却出版过《〈百人一首〉解说》一书。想必，因该书封面上赫然写着"滩高　桥本武"，不少人会当作考试参考书去买，但实际上，这本解说也像先生本人一样，玩心十足，并为一百首诗附上了解说插图。

滩校毕业生、插画家永井文明先生就是受先生启发而做出了一个大胆的举动，将《百人一首》中的每一首诗都做成了插画。读解说需要花时间，但这些插画却能在一瞬之间将诗歌意思传达出来。其中，我认为最出色的，就是为平兼盛①的那首"相思形色露，欲掩不从心。烦恼为谁故？偏招诘问人"而做的插图。

图中是某朝臣的一张大脸，可能是作者平兼盛吧，脸上有一个大大的吻印，并标满了穴位；朝臣对面的头部剪影可

① 平兼盛（？—990）为三十六诗仙之一。光孝天皇曾孙。

能是一位卜师，正手拿放大镜为朝臣相面。朝臣问道："看得出来吗？"卜师答曰："太明显啦！"

这页插画我最喜欢，里面透露出来的那股愚蠢之气令人忍俊不禁。

在插画书的最后一章特别附加了"教室抢牌赛"，忠实记录了我们就读滩校时在教室里抢牌、由源平战①转入个人战的种种情形。

三、试吃传统点心也是学习

如果说《百人一首》抢牌赛尚有国语课的味道，可令人无法想象的是，点心试吃会又与国语有什么关系？点心之于课堂，最多就是背着老师偷偷吃，可我们的桥本先生却是特意把各种点心带到教室让大家吃，吃点心本身就是那节国语课的一个环节，试吃之外，先生还特赠关于点心的解说。不过，我们吃的可不是巧克力、小甜圈，而是传统庶民甜点——杂果子。

别具一格的"杂果子试吃会"来自《银汤匙》前篇第十三章：

---

① 指源氏与平氏之战，又称治承、寿永内乱。自 1180 年源氏奉仁王之命举兵起，至 1185 年 3 月平氏一门被灭止。后多用于分为（红白）两组一决胜负的比赛及游戏。

顺一条渐无人迹的小巷，不远就到一片木槿篱墙围起的空地。这里有一对老爷爷老奶奶，养了五六只鸡，还卖杂果子。从未见过的茅草屋顶，颓败的土墙，吱嘎作响的吊杆打水的桔槔，都让我喜欢到不行，和伯母到这里买糖果，也自然成了我的一大乐事。老爷爷老奶奶耳背，得狂喊半天才会出来，见我们买糖果，就依次掀开糖盒盖儿让我挑：<u>金花糖、金玉糖、天门糖、微尘棒</u>……无所不有，也各有妙趣：<u>竹味羊羹</u>刚一入口，便滴溜溜在舌面上滑动，随即溢出一股青竹的沁香；<u>饴糖里的人偶脸或哭或笑，且从各个角度都能看到</u>；而状如红蓝布缎的，只轻轻一咬，一股香甜的微风便会从裂缝中扑将出来。我最喜欢的，是撒满肉桂粉的肉桂棒，醇厚的甜味儿里，又沁出一股令人兴奋的肉桂之香。

（《银汤匙》前篇第十三章，下画线为引者所加）

最近，一股怀旧之风悄然兴起，有的店铺又摆上了锡铁皮或假象牙制作的玩具，也有原汁原味的杂果子，但总体而言，杂果子本身确已成历史遗物，从我们的日常生活中消失，在我读初中的时候就难得一见了。记忆中，可能很小的时候在有的店里见过，但也并不清晰，只记得有点像杂果子而已。这一段落中出现的，我几乎是一样都没见过。

这也是桥本先生特意从不知哪里的点心店为我们买来真正的杂果子的原因。甜点嘛，光看不吃也是不行，于是就分而食之，品头论足。当然，《银汤匙》的写作年代久远，且东京庶民区与神户风土又是大不相同，先生也不可能找齐作品中写到的杂果子。遗憾的是，我对于当时试吃的杂果子的味道、种类、名称都没有深刻的印象，因而现在很难回忆起它们的外表和形状。并且，当时吃到的好点心多了，杂果子的味道也不怎么香甜。但是，能体验到与平时所吃的饼干、巧克力明显不同，也异于糯米饼、羊羹等日式点心的传统的庶民味道本身，却极大地刺激了我们的感知，满足了我们的好奇。

就这样，我们在桥本先生的带领下，"亲身体验"着《银汤匙》所描绘的口朋的世界。所以，国语课就是上成"杂果子试吃会"也感觉是理所当然。对我们而言，《银汤匙》完全就是神话故事中的小宝盒，会接二连三地跳出各种有趣的东西。下次，又会是什么呢？我们就是在这样的期待和快乐中迎来桥本先生的一堂堂《银汤匙》课的。

四、风筝用语这么难！

> 春天一到，我们就翻过一个高坡，跑到开阔的野地里放风筝。贞贞放的是满脸络腮胡的达摩，我放的是窗框骨做的金太郎。
>
> （《银汤匙》后篇第十二章）

这是《银汤匙》后篇第十二章的开头。风筝一上天，连生性柔弱的主人公口朋都好胜心起，着迷非常。而放风筝一节也写得活灵活现，跃然纸上。

> 一俟飞入春风拂漾的空中，窗框骨金太郎也是精神抖擞，分外显眼，颇有几分自负。
>
> （《银汤匙》后篇第十二章）

平时很少自夸的口朋竟也有鲜为人知的优越感，读来总令人不由露出会意的微笑。

金太郎神采奕奕，可其他风筝也是当仁不让，个性鲜明。"让人害怕的，是老鹰头头的儿子放的八枚童子格子"，还有人见人厌的"工匠区小霸王放的二枚般若"等，都是所谓的斗架风筝。

> 那家伙（指二枚般若。引者注）一开始就想找架，连尾巴都没装，"光屁股上天"，噼噼噼地叫个不停，拉其他风筝跟它擦撞。心线一被拉紧，般若的眉头也皱得更紧，疯了一样咬住近处的风筝，再用新发明的锚锉，一口就把人家的线给咬断。
>
> （《银汤匙》后篇第十二章）

风筝斗的场面气氛大致能感受到，但有些词却不太明白，连桥本先生都不明白。这是手制教材，没有教学指导书，要找到某些问题的答案也并非易事。制作《〈银汤匙〉研究笔记》时，先生会借助词典、百科事典等彻底查阅，但即便如此，也依然会有搞不清楚的地方。那该怎么办呢？据说，先生是直接写信向当时健在的《银汤匙》作者中勘助先生求教。关于中勘助先生的回信，桥本先生曾这样写道："（中勘助）先生的答复细致恳切，令人惶恐。"

在《〈银汤匙〉研究笔记》的相关章节中，中勘助先生的答复也原原本本收录了进去。比如对风筝用语的解说：

□风筝用语解说　来自中先生

○心线。控制一个风筝的线有很多，心线起中心作用，也就是说，只要把心线——并非专业术语——稍微拉紧，线一短，其他的线就会松弛，风筝就会失去安定性，横冲直撞。这一技巧熟练了，既是放风筝的乐趣之一，也是与其他风筝缠绕于一处，用锯锉①——俗语，锯锉之意——把别人的线切断，在风筝空战中获胜的必杀技。

（《〈银汤匙〉研究笔记》）

对我们来说，附有作者本人特别解说的研究笔记真的是非常奢侈。这些书信就来自作者，遣词用字与《银汤匙》一样生动平实，是只有我们才拥有的《银汤匙特别篇》。

想来，对一位大作家来说，若只是与作品有关的读者来信还说得过去，但对一位打破砂锅问到底、追究自己所用词语的中学教师，竟也能如此恳切细致地书信作答，委实令人敬佩。

不只如此。据桥本先生自己说，他曾向中勘助先生求教"酱渣"一词的词义，但实际上，这个词词典有收录，可先生是京都人，从未见过……但就是这样的询问，中勘助先生也像

① 原文中所用日语比正规用语多出一个音节，词典中并无收录。

为婴儿嚼饭一样，耐心细致地回信答复了。

对此，桥本先生在《五十年竟成往昔·与滩校同行的半个世纪》中感叹道：

> 没让我"去查一下字典吧"，无疑是不想让我出丑受辱。先生为人之高雅宽厚，委实令人追怀和赞叹。

五、风筝大赛进课堂

《〈银汤匙〉研究笔记》为《放风筝》一章所附的参考资料是桥本先生自己写的一篇随笔——《风筝》。

> 只读《银汤匙》就可看到，风筝是孩子们至为喜爱的一种玩具，连素无好胜心的□朋都会全力以赴，一决雌雄。不只是孩子，连大人都会为之热血沸腾，手痒肉痛，这从不分大江南北各地均有风筝盛会即可窥见一斑。而各地所制风筝也是各具特色，以罕见奇形自负者有之，以尺寸之大而骄者有之，但均色泽鲜艳，绝无雷同，尽现一地之风土。
>
> 惜时至今日，多已废绝。（中略）

儿时，我也曾与农村的表哥放风筝于田陌之间。当时，还几无碍事的电线。风筝是我们自己制作的，图案底样花色繁多，以筝纸铺描再着以颜色。记忆中，我拙于制骨，是以所制风筝也飞不太高。但那些大小不同、色彩各异的风筝，每做一次都开心无比的童年时代，却总又令人不经意忆起，莫名怀念。

（青蛙）

（《〈银汤匙〉研究笔记》，"青蛙"是先生的号）

桥本先生写过很多随笔，也以各种方式发表过。但收入他自己制作的《〈银汤匙〉研究笔记》中的这一篇总给我一种特别的感觉。它会给我一种错觉，即在这篇随笔中，桥本先生与中勘助先生合而为一，重叠在了一起。

《银汤匙》中对明治后期风景诗的描绘虽极为细致，但就□朋他们放的风筝是在店里买的还是自己做的却并未言及。那时候有卖风筝的店铺吗？还是都要自己做？一旦跟随桥本先生深入阅读这部作品，不自觉就会对这些细小之处心生好奇，加以留意。想必先生也是如此。因此，这篇随笔也就成了原作的完美补充。

当然，这件事可以直接问中勘助先生，答案可能也会马上知晓。但文中并未言及之处也不妨各自展开想象，或通过与之不同的体验为之增色。

先生的随笔让我们知道，桥本先生所放的风筝是自己做的，但并非自制，风筝的绘图是对已有底样的铺描，仅这一点，就让从未做过风筝的我们吃惊非常了。

既如此，那就动手做一把，放天上去！这样的思路，也正是货真价实的桥本风格！但在国语课上做风筝，也确实有点"离经叛道"了。这时，我们的美术老师初田先生出场了！也就是说，我们要在美术课上把《银汤匙》的风筝给做出来！国语与美术珠联璧合，也是私立中学所特有的自由、灵活之所在吧。

风筝的形状与绘图虽悉听尊便，但真做起来，筝骨组搭之难还是超出了大家的想象，而风筝能否平衡起飞，又全赖筝骨组搭之功。不难想象，《银汤匙》中的斗架风筝要有相当高超的技艺方能制成。我做的是那种最简单的武仆风筝，但绘图不是武仆，而是我心目中的偶像组合"小指与杀手"中的小指，即歌手今阳子的脸部肖像。若是一家治校甚严的学校，胆敢在美术课上画什么歌手偶像，那一定会被痛斥无疑，我能画今阳子这件事本身，就足见滩校是多么宽容有加了。

用文字写成的《银汤匙》的故事，我们就是这样去亲身体验的，但画一张"小指"的大脸肖像做成风筝，还放到天上去，这竟然是在上国语课，估计任何人都想象不到吧。

第三章

在『「银汤匙」研究笔记』中所学到的

恩师的条件❸

做一名永远的挑战者！

想法新于常人，不纠缠于琐事，永怀好奇之心，不断拓展自
我世界的精神。

一、绕远才是王道

据说，曾有一位著名的大学教授特意前来听桥本先生的国语课，但他的感想却不怎么正面："跑题太过严重。"桥本先生在《五十年竟成往昔·与滩校同行的半个世纪》中提及此事时这样写道："跑题？这正是我想要的。这一评语，就当是教授认同了自己的特色吧。只要是《银汤匙》国语课，我就无意改变这一教法。"

的确，要说桥本先生的课跑题，那目力所及，跑题真就是无处不在。他的课本就总是沿着与《银汤匙》本文无关的岔路不断开掘下去的，甚至于《〈银汤匙〉研究笔记》中的有些地方就像是要探一探究竟能跑题多远一样！只要小说中有零星线索，桥本先生就会由此深入下去，把我们带入完全不同于《银汤匙》的另一个世界。下面，就让我以实例回顾一下桥本先生是如何跑题的。

我有很多玩具，最喜欢的，是在门前水沟里捡到的一只土制黑色小狗，表情很是可亲。伯母说这是狗神像，并用空盒子还是什么做了个神宫，把小狗供了进去，还拜给我看。小狗之外，就数看起来笨笨的<u>丑红牛</u>了。它们是我唯一的好朋友。

　　（《银汤匙》前篇第七章，下画线为引者所加）

　　桥本先生的课就从这一节跑题开去了……他又是怎么跑题的呢？首先，跑题的入口就是"丑红"一词。在研究笔记的"词句意思"一栏中有如下解说："寒丑之日出售的口红。可防口干。"嗯，不是很懂。口红虽无须深究，可这"寒丑之日"中的"丑"又是什么东西？我在这里解说终究枯燥，不如一起看一看《〈银汤匙〉研究笔记》中的"天干地支"竞猜游戏。

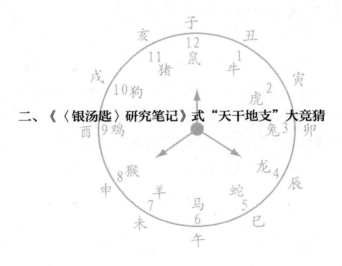

二、《〈银汤匙〉研究笔记》式"天干地支"大竞猜

"干支"是什么？

___

答 "干支"是指"十大天干，十二地支"，干就是"树干"的干，支就是"树枝"的枝。中国古代将树干与树枝两相组合用于历法，但传入日本后，"干"成了"兄"，"枝"成了"弟"，"干支"的读音就成了"兄弟"。"干支"的应用范围也非常广泛，从岁时方位到运势推测无所不包。

(第二问) 谁能说出"十大天干"？

___

答 甲乙丙丁戊己庚辛壬癸。

第三问 谁知道"十大天干"这十个字的训读读法？

答 （答案是只采汉字形义，不取汉语读音的训读发音。依次为"木兄""木弟""火兄""火弟""土兄""土弟""金兄""金弟""水兄""水弟"的日式发音。略去。译者注）

（第四问）"十大天干"这十个字的训读，最后的音节都是"兄""弟"两个音的反复，这是为什么？

答 因为"天干"是将五行的木火土金水分别冠以"兄""弟"而成。

　　木兄：甲

　　　弟：乙

　　火兄：丙

　　　弟：丁

　　土兄：戊

　　　弟：己

　　金兄：庚

　　　弟：辛

　　水兄：壬

　　　弟：癸

（第五问） 谁能写出"十二地支"的汉字、日式训读和中式音读？
谁知道每一地支所对应的动物？

──────────────────────────────

答 （训读、音读读音略去。译者注）子＝鼠、丑＝牛、
寅＝虎、卯＝兔、辰＝龙、巳＝蛇、午＝马、未＝羊、
申＝猴、酉＝鸡、戌＝狗、亥＝猪。

（第六问）"甲子园球场"的命名与十大天干有关系吗？

答 有关系。十大天干与十二地支两相组合用于纪年，60 年一轮回。甲子园球场设于大正 13 年（1924 年），是年为甲子之年，故有此名。"甲""子"还分别是天干、地支中的第一个，称"干支之首"，所以"甲子"年也被视为大吉之年。

（第七问） 为什么虚岁 61 叫 "还历"？

答 用天干地支计岁，60 年刚好回到出生之年的干支纪年，所以称 "还历"，也叫 "回本卦"。

（第八问）谁能说出"还历"之后的长寿称谓？

答 "古稀" = 70 岁，"喜寿" = 77 岁，"米寿" = 88 岁，"白寿" = 99 岁。

（第九问）请说明《论语》中的年龄用语（这就离开"天干"，跑题更远了……原注）。

答 "志学" = 15 岁，"而立" = 30 岁，"不惑" = 40 岁，"知命" = 50 岁，"耳顺" = 60 岁，"从心" = 70 岁。

（第十问） 《百人一首》诗云："我住皇都外，辰巳结草庵。幽深人不解，反谓忧愁山。"（喜撰法师①）诗中的"辰巳"是指哪一方位？

答 东南方。

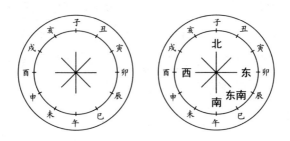

十二地支也用于指代方位。北为"子"，沿顺时针方向，以30度为单位依次为丑、寅、卯……"卯"为东，"午"为南，西为"酉"，"辰巳"为正东南。顺带一提的是，连接南北的线叫"子午线"，这一叫法也是由地支方位而来。

① 9世纪后叶平安初期六大诗仙之一，除为宇治山僧外，履历不详。

"时入丑三草木眠"的"丑三"大概是几点？

答 凌晨三点半左右。

十二地支也用于表示时刻。一天24小时若用十二地支划分，则由午夜0点开始，以两小时为单位，依次为子时、丑时、寅时、卯时……而将这里的"时"四等分，每一等份，即每30分钟即为一"刻"，故称几时几刻。丑时为凌晨2点，30分钟为一刻，所以，"丑三"就应是凌晨3点30分左右。而"正午""上午""下午"，就是以中午12点的"午时"为中心划分的。

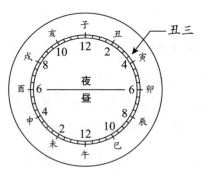

第十二问 什么是"二十四节气"?(这一话题又由"天干地支"跑题到了更远的地方,即由以数字区分方位、时刻的学习,进入以数字区分一年的学习。原注)

答 从地球的角度来看,太阳绕地球旋转一年的轨道平面叫"黄道",将"黄道"二十四等分,太阳的中心点每经过一个等分点即为一个节气,用以表示季节的更替。

太阳历的历法规定与太阳的位置无关,是以无法表示季节的变化,就导入了既带有太阳历因素又与太阳位置有关的"二十四节气"。

季节	节气	黄经	大概日期
春	立春	315度	二月四日至五日
	雨水	330度	二月十九日至二十日
	惊蛰	345度	三月五日至六日
	春分	0度	三月二十一日至二十二日
	清明	15度	四月五日至六日
	谷雨	30度	四月二十日至二十一日
夏	立夏	45度	五月五日至六日
	小满	60度	五月二十一日至二十二日
	芒种	75度	六月六日至七日
	夏至	90度	六月二十一日至二十二日
	小暑	105度	七月七日至八日
	大暑	120度	七月二十三日至二十四
秋	立秋	135度	八月七日至八日
	处暑	150度	八月二十三日至二十四日
	白露	165度	九月八日至九日
	秋分	180度	九月二十三日至二十四日
	寒露	195度	十月八日至九日
	霜降	210度	十月二十三日至二十四日
冬	立冬	225度	十一月七日至八日
	小雪	240度	十一月二十二日至二十三日
	大雪	255度	十二月七日至八日
	冬至	270度	十二月二十一日至二十二日
	小寒	285度	一月五日至六日
	大寒	300度	一月二十日至二十一日

第十三问 "今天是立春"的说法成立吗？

答 不成立。准确地说，各节气是以几月几日几时几分表示的。准确时刻可查阅国立天文台编纂的《理科年表》。不可以说"今天是立春"，也不可以说"从今天开始是立春"，严密的说法是"今天是立春之日"。

(第十四问) "土用" 丑日有吃鳗鱼的习惯。这里的 "土用" 是什么意思？

答 "二十四节气" 之外，还有标示宜于从事何种农林渔活动的杂节，"土用" 即为其一。各季节都有自己的 "土用"，"春之土用" 是 "立夏前 18 天内"，"夏之土用" 是 "立秋前 18 天内"，"秋之土用" 是 "立冬前 18 天内"，"冬之土用" 是 "立春前 18 天内"。通常，"土用" 是指 "夏之土用"，"土用" 丑日吃鳗鱼的 "土用" 就是 "夏之土用"。

第十五问 请在"土用"之外举出与"二十四节气"有关的季节用语。

答 春——"彼岸"（"春分"前后各 3 天内）

"社日"（接近"春分"的"戊"日。播种之日）

"八十八夜"（"立春"后第 88 天。农家耕作期标准）

夏——"入梅"（"芒种"起第 6 天。进入梅雨季节之日）

"半夏生"（夏至起第 1 天。梅雨结束之日）

秋——"二百一十日"（"立春"起第 210 天。台风季节）

"彼岸"（"秋分"前后各 3 天内）

"社日"（接近"秋分"的"戊"日。收割之日）

冬——"节分"（"立春"前日。也称"过年""年夜"，庆祝活动繁多）

平时，"立秋"之后的溽热称"残暑"，"立春"之后的严寒称"余寒"。"春分"与"秋分"前后既无残暑又无余寒，故有"寒暑皆至彼岸"之说。

三、妙趣横生的汉字世界

> 　　未几，总右卫门因霍乱而死，伯母就成了孤苦伶仃的寡妇。伯母回忆说，异国的基督教想把日本人都杀了，就放来一只恶狐，霍乱流行。还流行过两次，一霍乱和三霍乱。总右卫门感染的就是一霍乱。可送到隔离病院后，因霍乱发热而全身变黑的病人，他们连水都不给喝一口，直接就给杀死了。所有病人都是内脏着火死的。
>
> 　　　　　　　　　　　　　（《银汤匙》前篇第三章）

　　从这段描写中也能看出来，□朋自幼病弱，他对于病魔的恐惧倍于常人。有趣的是，"霍乱"虽是外来语，但总给人一种"霍然而死"之感，这样翻译倒也贴切。而桥本先生的联想，也正是由"霍乱"一词飞到了外来语的汉字标记。如果完全是音译，日语的霍乱就写作"虎列刺"。除霍乱外，其他的外来音译病名还有"实布的里亚""窒扶斯""麻剌利亚"等，估计很少有人知道这都是什么病，正确答案是：白喉病、伤寒和疟疾。

　　病名没什么意思，那就到地名的世界去逛逛。"亚细亚""印度""伊太利""巴里""佛兰西""露西亚""伦敦""英吉利""亚米利加""阿弗利加""独逸""欧罗巴"……

这些词的应用相对较为广泛，可能很多人都知道[1]，正确答案是：亚洲、印度、意大利、巴黎、法国、俄国、伦敦、英国、美国、非洲、德国和欧洲。

那下面这些地名又是指哪些地方呢？

"亚刺比亚""亚尔然丁""埃及""和兰""土耳古""纽育""伯剌西尔""罗马""华盛顿"。

正确答案是：阿拉伯、阿根廷、埃及、荷兰、土耳其、纽约、尼泊尔、罗马和华盛顿。

在读解的过程中，慢慢就有了感觉，大致可以判断汉字所指代的片假名单词了。可下面这些词难度就相当大了[2]：牛津、希腊、剑桥、瑞典、西班牙、智利、丁抹、诺威、圣林、布哇、汉堡、芬兰、秘露、波斯、葡萄牙、墨西哥、罗甸。

这些词虽基本上把读音置换成了汉字，但牛津（Oxford）、剑桥（Cambridge）等单词的一部分却是英语的意译。这都是谁定的？这么定是认真的还是开玩笑？这且不管，仅是注意到了这一点就感觉很有意思了。而当流利地读出这些词，就更

---

[1] 日语中的外来语一般不用汉字而用片假名，用汉字标示的外来语日本人一般比较陌生。
[2] 这些单词的汉字读音与片假名读音差别较大，类似中国的音译外来语与意译、半音半意译外来语之间的不同。

是自感颇有几分素养而有些扬扬自得了。

四、汉字与国字

汉字是国语的根本。就职后我有很多机会编校别人的文章，也完全理解了桥本先生对汉字锱铢必较的意义所在。工作中，错字、别字、掉字会在多大程度上影响对一个人的评价，我也曾多次亲眼看见，特别是新闻播音等工作，汉字不会读或读错，只一次就可能让一个人的播音生涯就此结束。

让我们回到正题，看一看桥本先生的汉字教学。

> 帮忙的人进进出出，很是热闹，也很有趣。我又跟伯母同乘一辆俥，真是开心得不得了，是以精神十足，说了很多话。
>
> （《银汤匙》前篇第十章，下画线为引者所加）

我们的汉字研究入口就是这句话中的"俥"。在研究笔记的"词句意思"一栏中是这样说明的：

> 俥，即人力车。这是我们国家自己创造的汉字，叫"国字"，也叫"和字"。

066

因为是人拉的车，所以在"车"的旁边加个"人"（单人旁），这就造出了一个字，这还真是有意思。以前只笼统地知道是"汉字"，哪承想，平时用的字里还有我们日本人自己造的"和字""国字"，真让人感觉又新鲜又吃惊！如此想来，汉字嘛，就是汉人，也就是中国人的字，而我对"汉字"的认识也由此进一步加深。没想到，文字的世界竟也是妙趣横生。

　　知道了"俥"以后，很自然地就想知道在"俥"之外究竟还有哪些"国字"。我们的好奇似早被桥本先生料到一样，"参考"中的"国字一览"就在前面等我们呢。

　　鱼的名字几乎都是"国字"。下面这几个字你能读出多少？

　　鱚　鮗　鯳　鯰　鰤　鰆　鰯　鱈　鰹

　　那么，在鱼的名字之外还有什么样的"国字"呢？

　　俤　颪　裃　糀　凩　鵐　栬　雫　躾　峠　柴　凪

　　细细观瞧就不难发现，每个字的意思都寓于其中①。"木"有"色"即为"栬"，"田"中"鸟"即为"鵐"，"身""美"

――――――――――
① 这几个和字，类似中国汉字中的会意字。

则为"躲",等等。妙哉！真想找个地方"炫耀"一番刚长的见识。

五、寿司大研究

> 一杯五厘的刨冰、关东煮、<u>寿司</u>等的货摊一家挨一家，密不透风地从窄到透不过气的庙院之内直摆到门前。噼噼直叫的气球、此起彼伏的叫卖，在飘舞的土尘中，热闹到令人难以忍受。
>
> （《银汤匙》前篇二十一章，下画线为引者所加）

这一节是以口朋的视角对明治时期东京庶民区的盂兰盆节所做的详尽描绘，很有电影的镜头感，似乎都能听到自明治年间传来的杂沓喧嚣之声。但在这里，先生的目光却令人意外地停留在了"寿司"上。

我至今记得桥本先生把寿司店的筷子袋、茶杯带来教室，让我们认读上面的文字，看谁会读的字多。本以为，这一定与上面介绍的"国字"有关，其实不然，这次的入口并非国字，而是"寿司货摊"。关于这一点，桥本先生的想法也写进了研究笔记，我们不妨一读，一起看一看先生对汉字的基本认识。

不是说不会读鱼的名字就吃不了鱼，但看到汉字就知道是哪种鱼，也应是日本人的一种素养吧。

到底有哪些字，照字典抄写下来自然简单，但也无趣。而我平素的追求，就是趣味与素养的两全。寿司店内的火柴、筷子袋、茶杯等，有的会附以鱼类字画，只稍加留心，便能发现好些种类。其中，有的字在《大汉和辞典》的生僻字中也未必就有收录。绞尽脑汁读它不出，颇有难度甚高的竞猜之趣。

（《〈银汤匙〉研究笔记》）

尽管不知道研究笔记中关于寿司的材料都是从哪里搜集的，但只读一读，就很有素养加身之感。下面再以笔记中的竞猜方式试举几例。

第一问 " '寿司'就是'醋司',即有酸味儿之物①。原本只是用盐保存鱼类海鲜时自然发酵而生酸的食物,却因备受人们喜爱而成为一种料理方式。据《延喜式》②记载,各诸侯国'醋司'均有不同"。请问,以下各地的寿司分别是什么寿司?

伊势、近江·筑紫、近江、三河·伊势、若狭、伊予、赞岐、志摩·伊势·尾张·备前·阿波·淡路·若狭

答 伊势——鲷寿司

近江·筑紫——鲋寿司

近江——阿米鱼寿司

三河·伊势——贻贝寿司

若狭——鲍鱼甜寿司

---

① 日文中"寿司"的"寿"与"醋"的发音、"酸"的第一个音节相同。
② 集《养老律令》实施细则之大成的日本古代法典。该法典于延喜5年(905年)开始编撰,延长5年(927年)呈献于天皇,967年施行。共50卷,其中对各诸侯国不同寿司的记载或源于朝贡。

伊予——贻贝寿司

赞岐——青花鱼寿司

志摩·伊势·尾张·备前·阿波·淡路·若狭——杂鱼寿司

(第二问) "'寿司'加上米饭会加速发酵，味道也更丰富。据说这一做法始于庆长年间。后来，逐渐产生了对寿司中应有甜味儿的偏好和需求，寿司制法也由此讲究起来。"那么，依制法分类，寿司共有几种？

答 两种。一种是耗时较长的"驯寿司"，一种是速成的"快速寿司"。

(第三问) 为什么做寿司又叫"腌"？

答 近江的鲋寿司是驯寿司的典型代表。据说，鲋寿司制法类似腌咸菜，并盖以重石，长达一年以上，且腌时越久越好。腌寿司的说法即由此而来。

第四问 除"寿司"外，"鮓""鮨"等汉字也用以指代寿司，但所指代寿司各不相同，请问，有何不同？

答 "鮓"的意思是"腌到醋①里的鱼"。

"鮨"的本意是"咸鱼""腌到盐里或糠里的鱼"，而并非日式寿司。但从该字的构造，即从"鱼"和从"旨"（日语中，"旨い"有香甜之意。译注）可以推测，"鮨"字的使用应该是伴随人们对寿司有甜味要求而兴起的。

"寿司"是最直接的表达，或有享用可口寿司即可延年益寿之意。

---

① 日本的汉字"醋"写作"酢"。

(第五问) 寿司又叫"醋文字"，请问，这里的"醋文字"是
什么用语？

答　"醋文字"原是寿司的"侍女用语"。该用语大约始于
室町时代①初期皇宫王府中的女官侍女，后逐渐流传至将军及
寻常百姓家。

　　除"醋文字"外，其他的侍女用语还有"御中""御冷""御
下地""黄粉""御足""御茄""御田""青物""香香"
等②，多与日常生活有关。

---

① 1336—1573 年，即足利氏掌握政权的时代。
② 分别为"餐饭""冷水""酱油""豆面""钱""茄子""杂烩""蔬菜""咸菜"等。

（第六问） 有的"侍女用语"以"文字"为词尾，如"醋文字""杓①
文字"等。下面几个词分别是什么意思？

　　发文字、汤文字、小文字

答 "发文字"指头发；"汤文字"指女用腰部卷带；"小文字"
指鲤鱼。②

---

① 杓子。
② "发文字"也指假发；"汤文字"也指汤具；"小文字"也指"小麦"（"小"为借字。
"鲤"与"小麦"的日语发音首音均与"小"相同）。

六、拟人名词

因为我瘦骨嶙峋，肋骨毕现，头大眼深，家里人就都叫我"章鱼小和尚"，但我还是以自己名字"□宝"的讹音"□朋"自称。"

（《银汤匙》前篇第四章，下画线为引者所加）

平时，像"章鱼小和尚"这样的词一般不会留意，读了桥本先生为之添加的说明却突然意识到，若定神细想，这个词还真是奇妙非常，大有学问："因章鱼头部之圆，借物拟人以比拟和尚。"想来，要把这样的表现译成英文还真非易事。

读大学时，音乐研究会里有个学弟，负责教舞蹈的女孩子看他跳舞时不经意说了一句："你这跳法，就跟章鱼脚舞来舞去似的！"大家一看，可不是嘛，于是纷纷表示赞同，那位还问呢："章鱼脚？什么意思啊？"看他丈二和尚的样子，全场爆笑，"不是吗？你跳起来就跟章鱼耍猴儿没两样！"女孩子这么一答，又是轰的一片笑声。章鱼会耍猴儿吗？不会，可看这位学弟跳舞，真就跟章鱼在耍猴儿一样，弄得大家直笑到肚子痛，眼泪都出来了……可怜这位学弟就此得了个外号——章鱼舞哥，且流布甚久。

或许，《银汤匙》中的"章鱼小和尚"就是这么来的。类似"章鱼小和尚"的词还有"章鱼小八哥"，虽不合逻辑，但这样的用法却又总是让人心生认同。或许，这也正是日语的有趣之处。

> 某人"瘦骨嶙峋，肋骨毕现"，有时会被叫作"骨川筋卫门""骨川三内"等，若是女性，则叫作"骨川筋子"。因这类词以物拟人，就叫"拟人名词"。但有时也会以人拟物，如将河流称为"坂东太郎""筑紫二郎""四国三郎"等。这类词语之多出人意料，竟至有专门收录的辞典。这样的用词，你能举出几个常见的例子呢？
>
> （《〈银汤匙〉研究笔记》）

这段话的下方是空栏，留给大家在教室里绞尽脑汁，搜肠刮肚……噢，这个词是！啊，那个词也是……

翻看当年的研究笔记时不禁会想，要换作今天，这样的词又能想到多少呢？下面这些是我当年在研究笔记中记录下来的，哪些是自己想到的，哪些是其他同学想到的，哪些又是桥本先生列举的，现在也分不清了：

"海和尚""助兵卫""石部金吉""土左卫门""乌鸦堪三郎""澡堂三助""无名权兵卫""愚蠢的与太郎""运仔""小原庄助""自暴自弃的杨八郎""睡和尚""章鱼僧""吝啬鬼""三日僧""大错特错的熟虑郎""恶太郎""伊贺栗仔""海螺卫门""呆助""萨摩守""近藤勇造"。

有意思的是，"萨摩守"的意思是免费乘车。原因是平忠度曾任萨摩守，而"忠度"的读音又与"免费乘车"相同。而"近藤勇造"就无趣了，意思是发音几乎与之相同的"这次我可非说不可了"。只稍加留意，也不难从中感受到日语的有趣之处。要是有心探入落语①的世界，相信会有更多新的发现。

七、传统节日及饰物、供品研究

<u>女儿节那天</u>，国仔喊我去他家。客厅敞亮，正面高架公主龛，供于其中的人偶非常漂亮。我们家那个太小了，好歹还能看见而已。可看国仔家这个，能有我们家五个那么大，又做得栩栩如生，我一看到就有些诚惶诚恐，不断地作揖，弄得一屋子人哄堂大笑。

（《银汤匙》前篇三十章，下画线为引者加）

---

① 日本的一种传统曲艺形式，类似中国的单口相声。

这段话中,《〈银汤匙〉研究笔记》的留意之处是"女儿节",就是这个"女儿节",带我们展开了对传统节日的深入学习。民间传统节日一般定在季节更替的时节,各有特定的饰物、供品,以示庆祝。从研究笔记的节日研究也不难看出,桥本先生对传统节日相当重视,并希望这些民间节庆能代代相传。

　　下面,我就再以研究笔记的竞猜方式举几个例子,介绍一下《〈银汤匙〉研究笔记》所探究的内容。

(第一问) 五大民间节庆是哪五个？

(答) 人日①——七草节（正月初七）

上巳——女儿节（三月初三）

端午——菖蒲节（五月初五）

七夕——祭星节（七月初七）

重阳——菊花节（九月初九）

---

① 日本五大民间节日之一。在阴阳道中，正月初七是一年之初给人占卜的日子，称人日。

(第二问) 人日，即七草节，有喝"七草粥"的风俗。请问，何谓"春七草"？为何要在这一天喝"七草粥"？

答 春七草是指芹菜、荠菜、母子草、繁缕、宝盖草、芜菁和萝卜。

正月初七，将这七种菜制羹喝下，可百病不生，益寿延年。该风俗源于中国，最初传入平安朝①宫中，后经武士阶层传入民间。

---

① 794—1192 年。自桓武天皇定都平安京（今京都），至镰仓幕府成立。

第三问 何谓"七草歌"？

答 过去，要在正月初六当晚，将七草、菜刀、木柴、筷子、捣菜槌、勺子等物放于切菜板上，一边用它们敲菜板一边唱，"唐鸟勿赴日，唱起七草歌，咘咘咘咘"，并且要连唱七遍。这就是"七草歌"。

那为什么会有"七草歌"呢？在中国古代，传说有一种恶鸟叫鬼车鸟，正月里会把血滴在晾晒的童衣之上，让小孩儿生病。所以，一定要赶走它。因这种鸟最怕有动静，这就有了又敲又唱的"七草歌"。

（第四问） 一说起女儿节就会想到女孩子的公主人偶，请问，女儿节究竟始于何时？

答 著于11世纪初的《源氏物语》中就有玩公主人偶的记载，与现在的女孩子们玩的人偶并无不同。在该书第十二章《须磨》中，光源氏在三月上巳节做一人偶，以舟载之顺流而下，以除晦。一般认为，三月初三上巳节饰以公主人偶的风俗即与此有关。

但饰以公主人偶成为一般性风俗可能要晚至江户时代①初期。这一天，各路诸侯都要进城向将军拜贺，而民间则设龛饰以公主人偶，并插以桃花，以白酒对饮，亲戚之间还会互赠艾蒿糯米饼等。

① 1603—1867年。自德川家康将幕府设于江户（今东京），至德川庆喜还政于天皇（大政奉还）。历时265年，又称德川时代。

（第五问）在三月三日的上巳节，除供祭今天依然保留的公主人偶外，原还有什么样的风俗习惯？

答 中国古代，要在三月的第一个巳日将酒杯置于河上顺流而下，以除不祥。不知从何时起，此一仪式就定在了三月三日。传入我国后，在宫廷贵族间流行起了一种"曲水游戏"①，特别是在平安朝，该游戏最为盛行。

曲水游戏又叫"流觞曲水游戏"，是较为风雅的一种玩乐方式。参与游戏的众人要分坐于庭园内的曲水之畔，在顺流而下的酒杯从自己面前流过时作诗一首，作不出来即罚酒一杯。

后来，曲水宴渐无踪影，但在这天"祓禊"②的风俗依然保留了一段时间，称"上巳之祓"，或"巳日之祓"。但到今天，一说上巳节，能想到的就只有女孩子的公主人偶了。不过，既称之为祭，就仍带有某种宗教仪式的性质。

① 又称曲水宴。曲水，弯弯曲曲的水沟。
② 指在水边清洗身体，除不祥。

（第六问）据说，端午节本不是五月初五，这是真的吗？

答 确有此说。"端"即"开端"，端午即该月的第一个午日，而五月五日却未必就是该月的第一个午日，但"午""五"同音，也有"端五"一词，但该词原指每个月的初五，而不是仅指五月的初五，不知始于何时，"端五"就仅用以指代五月初五，即"端午"了。

答 在中国古代，这一天被视为不祥之日，有以应季的菖蒲驱除病祸不祥的风俗。该风俗传入我们国家后，从圣德太子[1]执政时开始，还设立了药草采集大赛，菖蒲即为竞采药草之一，有"食之长生""祛除万恶"之说。

时至今日，仍有在门前悬挂菖蒲、艾蒿，洗菖蒲浴的习俗。过去，人们还会饮用以菖蒲炮制的菖蒲酒。而孩子们做的菖蒲盔，也是内含远病去灾之意的一种咒符。菖蒲盔的有关记载，见于镰仓时代的历史故事书《增镜》[2]。同被视为咒符的，还有用菖蒲、艾蒿所捻五色麻线卷成的"药玉"，把它挂在墙上，或悬于室内，可祛病远灾。以上种种，足见菖蒲在当时人们心目中的重要地位，其作为端午节的应季植物而有"菖蒲节"也不难理解。

---

[1] 574—622 年，日本政治家、宗教思想家。

[2] 编年体史书，共 17 卷或 19 卷，记载了长达 150 余年的镰仓时代事迹。其作者多认为是二条良基。

为什么端午节会饰以武将人偶、头盔等物？

答 这一习俗与屈原的故事有关。屈原是楚国诗人，忧国愤世，最终在这一天愤投汨罗江。因当时很多船夫竞相驱船前往搭救，中国就有了在这一天赛龙舟的风俗。

该风俗传至我国时，正逢尚武成风的战国时代，遂染好武之气，演化为竞骑竞射于宫廷之内的竞武活动。由宫廷传入民间后，一般民家则以纸制或木制的刀枪旗盔等饰于店头，也有人制作牛若辨庆① 人偶。

后来，这一风俗又不断变化，由店头而入室内，饰物、供品也日趋多样、精细。缘由祓厄与竞技而来的端午节，到江户末期，已演变成与八幡太郎②、神功皇后③ 等多有渊源的尚武节庆。

① 牛若指源义经（1159—1189），幼名牛若丸，平安朝末期至镰仓幕府初期武将。辨庆指武藏坊辨庆，镰仓幕府初期武僧，经常出现于小说、戏剧中。曾比叡山，因性情暴躁被逐，自行剃度后取名武藏坊辨庆，传说欲夺路过之源义经战刀时反被技高一筹的源义经制服，就此跟随，为源义经忠臣。
② 即源义家（1039—1106），平安朝后期武将。
③ 即仲哀天皇皇后，摄政长达70年之久。

（第九问）端午节为什么吃粽子？

答 粽子本是为屈原慰灵而制的供品，以淘灰之水煮糯米，包以白茅等的叶片。日本用槲树叶所包的糯米糕——柏饼，即由粽子演变而来。

（第十问）端午节为什么会挂鲤鱼旗？

答 在中国古代的传说中，鲤鱼逆黄河而上，登龙门之瀑，化而为龙。端午挂鲤鱼旗即由此而来，寄寓男孩子将来出人头地的愿望。

第十一问 七夕节起源于何时？为什么会有七夕节？

答 七夕节始于距今约 3000 年前的中国周朝（前 1122- 前 256）初期。七月七日晚，天河西岸的织女星（天琴座 α 星）与牵牛星（天鹰座 α 星）鹊桥重逢。七夕即为供祭二星并许愿的一种仪式。

七夕节又是怎么来的呢？七月七日晚，古人仰望悬于天顶的两颗星，在对天地自然的强烈崇拜下，将人的命运与星体的支配联系在一起，创作了与这两颗星有关的传说故事，将位于天河两侧又特别明亮的这两颗星视为夫妻，认为天河两隔的他们一定是想见一面的，无论如何都想让他们跨河相逢的愿望也是分外强烈。恰好，七月七日晚间，上弦月悬于天河下游之际，位于天琴座以东的天鹅座正似飞临天河之鹊，于是就有了牛郎织女以鹊为桥、一年一度七夕夜重逢的故事。但若当夜有雨，那就是天河发了洪水，好不容易搭起的鹊桥也会被冲垮，是年，两星就无法重逢。

（第十二问）说起七夕，就会想起在小册子或彩纸上写下心愿、系于叶竹之上的习俗。这一习俗又是怎么来的，究竟起于何时？

答 大约从平安朝开始，我们国家将七夕夜祝福牛郎织女重逢之意加以引申，衍生出年轻男女若在当晚把心愿写在枸木叶上加以供奉就一定会实现的说法，此后又受中国风俗的影响，产生了"乞巧"祭祀，即女子祈愿织布制衣智巧的仪式。由于织女星指代天上的织女神，因而一般认为在当夜许愿一定会在三年内实现。后成为祈求诸般技艺日益熟巧的节日。

而在五色彩纸或小册子上写歌，将之系于叶竹之上的做法，则是元禄年间（1688—1704）的事情。此前的做法是，在庭院内做一祭坛，倒卧叶竹，系以灯笼及五色绳线，将瓜果茄子等盛为三份，与秋七草、琴与神酒等一起供奉，焚以祭香。还要把水倒入盆中，浮枸木之叶于其上，祭拜映于其中的牵牛织女二星。

至江户时代末期，系到叶竹之上的就不只是彩纸和小册子了，还有渔网、捆猿包①、条形旗等，城里人家或商家还会系以砚台、算盘、账簿等模型，也有类似灯笼之物。

---

① 日本的一种传统饰物。将布包四角引于一处捆起来的吊包，就像把猿的四肢捆起来一样，所以叫捆猿包。一种说法是，七夕许愿时人的欲望也随之而动，但若像虽与人相像行止却又皆随欲望的猿猴一样也不行，于是就制捆猿包，含欲望应加以控制之意。也有说法认为，捆猿包是为祈求永不分离，就像紧紧捆于一处的四个角一样。此外还有挽留客人的说法。

（第十三问）为什么把九月九日称为重阳节？

答 九为阳数（《易经》），九月九日，日月都是九，即重九，也就是重阳。

(第十四问) 重阳节都有什么样的风俗？

答 重阳节有饮"菊酒"的风俗,菊酒即将菊花浮在上面的酒。此外,还有用菊花上的清露洁肤以祈长命百岁的风俗。这一风俗又是怎么来的呢?自古以来,人们将菊视为仙境之花,认为它有延年益寿的功效。关于这一点,中国还有一个"菊慈童"的传说,有饮菊下泉水可保700年长寿的说法。因过去虽沿用阴历,但菊花在九月初九这天也未必能到花期,人们就在初八的傍晚把棉花剪圆、压平,盖到菊苞上,次日重阳晨起,取下吸有夜露的棉花,挤之洁肤,这就是"菊棉"。也有的人家称重阳为"后女儿节",并在家中饰以公主人偶。宫廷里还会挂"茱萸囊",就是将茱萸放入红色的布袋,挂于室内,用以替换五月初五的"药玉",被灾去祸。

第十五问 何谓"六菖十菊"？

答 六菖就是六日的菖蒲，十菊则是十日的菊花。因菖蒲节是五月五日，重阳是九月九日，所谓六菖十菊就是为时已晚的意思，有事后诸葛、雨后打伞、于事无补之意。

八、"跑题"的奥妙

即便是今天回头再看也依然会感叹，当年，我们竟跟随桥本先生，以《银汤匙》中一个关于"女儿节"仅十余行的描写为入口，学到了这么多的知识！这就是在教授的质疑面前放出豪言——"跑题？这正是我想要的！"的桥本先生所独有的跑题方式。

今天想来，桥本先生要借由《银汤匙》引出什么话题，引多远，可能完全是追随自己的兴趣和想象力，并不断挖掘下去的。也多亏他并未顾虑他人的意见或批评。这也是用自制教材教学者的特权吧。要说这是自由任性也可以，但责任也全由桥本先生一人承担。如果其他班级高考成绩出色，唯有桥本先生的《银汤匙》国语课学生高考成绩落后，那在纷至沓来的各方批评面前，相信他也会不得已而改变教学方针。但实际情况却完全相反，文部省方针全然无视，以奔放不羁、不合常规的国语课教出来的无数学生，竟都是冲击名校的超级学霸！第一次创造了东京大学录取人数日本第一这一奇迹的不是别人，正是《银汤匙》国语课的学生！在堪称伟业的这一事实面前，桥本先生的国语课自也是无人会加以非议。

这又是为什么呢？原因或许在于，桥本先生的跑题无论跑到哪里都万变不离其宗吧，即紧紧围绕日语学养的深化，紧紧围绕作为日本人的素养的提高，且丝毫不会妥协与退让。看起来离题万里的《银汤匙》国语课，也因此而走在了稳健的王道之上。而最为重要的，则是在跟着桥本先生跑题的过程中，我们发现了国语学习本应有的乐趣，同学们能够取得出色的成绩，无疑与此密切相关。

从桥本先生的跑题中大致也能感受到，桥本先生不单是一个注重横向拓展的人，对于某一事物，他本身就是个寻根究底、用心细密、不断纵向深入的人，这也包括如何对待自身的兴趣。天天与这样的一位老师在一起，究竟会对我们产生多大的影响？要谈桥本先生的国语课，这一点也是避之不开的。

第四章

令人惊异的『趣味人』先生

恩师的条件❹

拥有自己的世界

要做教师，先做一个有吸引力的成年人。

活出自己的个性，活出丰富的色彩。

一、时髦穿戴的哲学

桥本先生对兴趣的迷恋方式也绝非等闲。在先生亲笔写的《五十年竟成往昔·与滩校同行的半个世纪》中，有一章叫《我的兴趣王国》，列出了令先生着迷的11项兴趣：能[①]乐谣曲（观能）、短歌俳句[②]、茶艺、制陶、绘画、摄影、旅游、读书、观剧、乡土玩具和时髦穿戴。对桥本先生来说，兴趣，就是其生活本身的象征，避之不开，而对我们来说，也是理解桥本式国语教育何以形成的重要因素。下面，就以印象较为深刻的几项为中心，为大家描绘一幅"趣味人桥本像"，以供参考。

第一点，在个人兴趣栏里写"时髦穿戴"，女性正常，男性就不多见了，但了解先生的人却不会以此为怪。先生的

---

① 起源于平安时代的传统歌舞剧，镰仓时代起称为能。
② 俳句，即以五、七、五为律的十七音节短诗。

确特别爱打扮，且个性十足，一见之下很是招摇，但又并不令人生厌。先生的衣服基本绘有用色大胆的图案，以红、黄、蓝三原色为主，搭配理想。当然，先生是瘦高个儿，一头银发，几乎是什么颜色都合适。

看到先生的装扮，大家的第一个念头就是，这衣服到底在哪儿买的?! 就我一个中学生的见闻来说，至少在神户时装街，如此艳丽的服装一般见不到。那先生的衣服都是在哪儿买的呢? 实际上，他基本都是找熟识的裁缝专门定做的。时间一长，裁缝也了解了先生的喜好，逢有好的面料就会为先生做一件。后来听说，先生还为这位裁缝的朋友当过时装展模特。

在滩校学潮的高潮期，校方全盘接受学生要求，校服也被废止，学生穿戴完全可以时髦一些，但当时的初高中男生却并不讲究，特别是滩校。而像我一样的死硬派，则是即便校服废止也要把最上面的竖领纽扣都扣得严丝合缝才感觉帅气。试想，在这样的整体氛围中，穿一件红条纹大领衬衫，围一条橘色的围巾，披一件绿色夹克现身教室的桥本先生那是多么的惊人! 据说，偶有一次，桥本先生因下午要出席葬礼，就穿一件白衬衫进了教室，结果引来一片爆笑，"老师穿白衬衫不好看!"

随着年龄的增长，先生的着装似乎也越来越鲜艳。这其中，也有色彩鲜明的桥本式哲学：先生认为，人老如树枯，越老，越要以鲜艳的服装加以弥补。"身心衰老无日不止，至少要以服装加以补偿。这也算是无法之法。"

二、乡土玩具之家——蛙偶馆

20世纪50年代中期，桥本先生在神户市东滩区的一处高地建了宅子，这个宅子，也成了处处带有先生特色的桥本式城堡。与海港城市相匹配的时髦的洋楼风格，以红色为基调的明朗外观，无不令人印象深刻。门厅的墙壁就是书架，摆满了古书、全集等各类书籍。一般而言，都是门厅小房间大，看到宽阔的门厅，刚想里面会更加宽敞呢，一进第一个房间，也就是先生的书房，其狭窄便与宽阔的门厅形成了鲜明对比，这一格局也正可谓我行我素的桥本风格的写照吧。书房的墙壁也是书架，直达天花板，营造了一个被书香包围的个人空间。

最令人吃惊的，还要说二层的人偶陈列室。在前文列举的先生的兴趣中，有一项是"乡土玩具"，而这个陈列室就是专为乡土玩具而设，四壁直达天花板的加固人偶架上，陈列着超过6000件的人偶，进入陈列室的人，毫无例外都是

"哇"的一声惊叹。进门处，是一个"青蛙人偶馆"的浮雕字牌，颇有些迷你美术馆的风情。

看到人偶所占空间比人的起居空间都大，或许都会感到奇怪，但当初之所以建这个宅子，就是因为先生收藏的人偶太多，实在无处收放，这才破土动工，与其说是为人建宅，不如说是为人偶安家。

先生的号是"青蛙"，从门厅到庭院，不时在角落中出现的蛙偶也是这一宅邸的趣处所在。

先生的人偶收藏，始于整理抽屉时偶然看到的一具弘前^①泥天神和一只掉了尾巴的小三春驹^②。既然好不容易抽出时间外出旅游，四处搜集地方色彩浓厚的乡土玩具，倒也不失为趣事一桩，还可于日后勾起往昔的旅游记忆……可人偶搜集一旦开始，他那一发而不可收的性格又让他由一名收藏爱好者变身为研究家，晋身"日本乡土玩具会"会员，并为其机关报《竹蜻蜓》撰稿，直搞得不亦乐乎。

我还曾向先生索要过一个乡土玩具，是木头做的"神户人偶"，装有活动装置。人偶之小不盈一握，脸盘漆黑，转动坐台摇把，人偶就会提壶斟酒，入杯后一饮而尽。凑近酒

---

① 日本地名，位于青森县西南部。
② 乡土玩具，福岛县三春（地名）的木制彩马，育儿吉祥物。

杯张口欲饮时的神情，一饮而尽后的得意样子，无不惟妙惟肖，令人忍俊不禁。其妙处还在于，只要改变手指的捻动方式，人偶就会示以不同的表情！真是玩具虽小，大有乾坤。听说，该玩具本已逸失，先生遗憾之余找到其制作人，终令之"起死回生"。

出人意料的是，先生狂热至此的乡土玩具收藏竟会彻底熄灭于一瞬之间，其原因，也同样带有浓厚的先生特色，在出云地区①，有一种逸失多年的人偶——白天神，举凡人偶爱好者，无不对之垂涎三尺。一次，先生偶到出云一富户人家拜访，主人竟捧出一具"白天神"，并以近乎白送的价格让与了先生。兴奋之余，先生就向机关报投稿介绍了这一意外收获的缘由经过。文章一面世竟意外掀起一场轩然大波，爱好者们蜂拥而往出云，一股"出云淘宝热"迅速刮起，连一直躺在农家土囤角落中的无用之物都以出格的价格成交……

面对已然失去理智的人们，打响"出云淘宝"第一枪的桥本先生很是怅然，对乡土玩具的巨大热情也由此冷却，直接把几乎所有的收藏品捐与了日本玩具博物馆，即便他知道，若是卖掉，这些玩具一定是价格不菲……

就像先生自己用的那个词——"我的兴趣王国"，先生

_____

① 日本地名，位于岛根县东北部。

的兴趣极为广泛。先生在兴趣方面有追求到底的韧性，但也有"喜新""常换"的特点。当然，先生对乡土玩具的热情冷却自是另当别论的。

就是在冷落了乡土玩具之后，先生遇到了终生被其吸引、至死不渝的终极兴趣——宝塚歌剧①。这是其一生中最后也是最为痴迷的一项兴趣，"宝塚歌剧，就是我的人生本身"。

三、令老学生远藤周作大惊失色的别样面孔

滩校是一所男校，五十年如一日授业解惑于滩校讲台，也就意味着日日都与汗臭四溢的男生为伍。而在这群"男人"之中，先生又是硬汉中的硬汉，行止令人生畏，特别是他年轻的时候。

已故作家远藤周作是先生的早期学生之一，两人后在《周刊读卖》的对话中②聊过滩校往事，如远藤先生在读时，几乎天天都要吃先生拳头，先生的拳头，可是每经过走廊都会拿护墙板练上一番的！那次对话，在对年轻、热血的桥本

---

① 宝塚，市名，位于兵库县东南部。总部设于宝塚市的宝塚歌剧团是日本的代表性剧团，所有成员均为女性，起源于 1913 年面向宝塚新温泉入浴者提供演出的宝塚歌唱队。
② 刊于 1974 年 4 月 6 日。

先生的回忆中很是妙趣横生。可突然，在忆毕当年之后，桥本先生"坦白"说，现在，自己是宝塚歌剧团的铁杆粉丝！此言一出，远藤先生不禁大惊失色！其当时的震惊可不是儿戏，远藤先生的这个栏目，原是为激励感觉无所作为的老师而设，这次对谈的题目也是"热血冒险之'铿锵对话'"，这就要变成"昔日铁血教师，今日宝塚粉丝"吗?! 桥本先生啊! 这是世界末日已到、日本即将沉没的节奏吗?!

小插曲之后，回头说桥本先生的宝塚情缘。先生成为宝塚发烧友，刚好是我们念高中的时候。每次上课前，先生总是先讲一讲身边发生的一些事情。比如已经毕业的谁谁谁来找他了，说了什么什么；比如看了昨天的新闻，生出了这样那样的感想；等等。对我们来说，这就是每次见面时先生所打的招呼。先生的课本来就毫无紧张感，而开场必讲的这一"今日话题"又让我们的神经更为松弛，直听得一如陶渊明，悠然见南山了。可就在我读高二时，很突然地，有关宝塚歌剧的话题多了起来，其他同学也都感觉到了先生明显的变化。

我们所居住的阪神地区①就是宝塚的老家，盯着阪急电

---

① 指大阪与神户地区。以两市为中心的工业区连成一体，曾为日本著名工业带之一。

车①里的宝塚广告上下学就是我们每天的例行公事。宝塚，我们很熟悉。可有句话就叫"灯下黑"，宝塚歌剧团近在咫尺，可一次都没去看过的却是大有人在，这也包括之前的桥本先生。没兴趣，也不喜欢。宝塚是个女儿国，比较独特，女扮男装本身也不自然，化妆服饰又花里胡哨，"未吃先生厌"的人特别多，以前的桥本先生就是这类典型。

万没想到的是，偶然看到的一个电视节目，把桥本先生此后的世界完全改变了。

这个电视节目的名字就叫《宝塚》，它把桥本先生在东京浅草松竹座②观剧的年少时记忆给唤醒了。但光看电视是不解渴的，于是，先生就直接赶到宝塚大剧场现场观赏了。原想既是现场，感受也一定会更为淋漓和强烈吧，但结果却令先生大失所望，还生出了一种令他难以忍受的"隔靴搔痒的焦躁感"。莫不是人至老年，感受能力也老朽退化了不成？不可能！于是，桥本先生就数次前往剧场，反复观赏同一剧目，望能"感受"观剧的"感受"。如此一来，除每次都有不同于上次的新发现外，还真就慢慢理解了剧情展开时的激烈，胃口也真的慢慢打开了。就这样，不知不觉，桥本先生

---

① 由大阪府、京都府、兵库县共同经营的大型私营电车公司，由大阪府的梅田至兵库县的宝塚，主支线运营长度为140余千米。
② 位于东京浅草区娱乐街的演艺剧场，今已不存。座，指演艺场所或演艺团体。

便对宝塚渐生痴迷，竟到了"如入无底之沼，无力自拔"的地步。

刚开始的时候，本身就是一团好奇心的桥本先生做了一个奇妙的实验，实验样本就是他自己：同一剧目看多少遍才会生厌！当时正赶上期末考试，下午无事的桥本先生下定决心，连续观剧一周！当时的学生正是我们那一届，在我们因期末考试呻吟悲鸣时，桥本先生也正式展开了一场由他自己发起的"苛酷"实验。

可万没想到的是，这场实验的结果完全与当初设想背道而驰，不但没生厌倦之心，反而是越看越喜欢，越看越想看，最终把自己实验成了宝塚的俘虏，毕恭毕敬地做起了宝塚剧团的高烧级粉丝。桥本老师痴迷到了什么程度呢？当时，离滩校最近的车站是阪急电车冈本站，由此乘车三十几分钟即到宝塚，不算远，可下了课就急急忙忙赶往宝塚，每月竟有10天以上，有时甚至多达17天，他有多痴迷也就可见一斑了。

宝塚剧场的舞台非常宽广，出演者中既有叫座儿的名角儿，也有大量的新人学徒。每场两幕，第一幕为音乐剧，第二幕为歌舞剧。特别是第二幕，一般都会有大量的舞蹈场面交织其中，但若不加留意，出演者齐舞的场面就仅仅是整齐划一的群舞而已，但观赏几次就会发现，齐舞中，不同舞者的动作实际上又各不相同。宝塚剧场走的是明星主义路线，但若将目光移往全力舞动于名角儿身后的学徒，观剧乐趣就会随之倍增：下一个名角儿，必在这群学徒之中，那会是哪一个呢？正是怀名角儿梦想登台、全神贯注、拼命起舞的少女们，把桥本先生的心给打动了。

四、超越粉丝境界的宝塚发烧友

桥本先生没命地往宝塚跑的时候刚好六十岁，一个白发老人，每隔一两天就出现在观众席中，在剧场里不引起注意就是咄咄怪事了。先生当时又是滩校首席教师，不断刷新着东京大学升学人数日本第一的纪录，各类媒体竞相采访，万众瞩目。这样一位名人观众高频率现身宝塚剧场，时间不长便已是家喻户晓，无人不知了。作为宝塚剧场的常客，桥本先生也很快就成了宝塚粉丝们的熟人，谁都可以毫无顾虑地走近前来打声招呼："先生今天又来了？"这种关系，让先生开心得不得了。

而在载歌载舞于舞台之上的宝塚佳人们眼里，总是在前排落座、开心地注视着舞台的先生，也是一个印象深刻的特别的存在。

宝塚剧团与所谓娱乐圈不同，剧团所有团员都是宝塚音乐学校的毕业生，相互之间以同窗之谊紧密地联系在一起，而每一位成员，也都有来自父母兄弟及其他亲友的支持，观众席中不少都是台上出演者的亲近之人，像桥本先生这样的名人突然现身于他们中间，这事会在台上佳人间迅速传开也是毫无悬念的。

"滩校首席教师"与"宝塚发烧友"的这一组合本身也是太过有趣，电视台哪里会放过，于是，桥本先生与当时的宝塚名角儿，如凤兰、安奈淳、江夏子等人的电视对话节目也就正式跟电视观众见面了……与名角儿们建立起这一关系，桥本先生也不再仅仅是宝塚剧团的一名忠实粉丝，而是名副其实的剧团"内部人员"了。

一次，在滩校育友会会长的斡旋下，先生在观剧后登上舞台，与穿着演出服的出演者们合影留念，而这张合影，也成了先生人生中最为珍视的一件宝物。

说一千道一万，最值得称道的，还要说其身为国语教师那出类拔萃的写作能力。平时总"教导"我们写一手好文章到底有多么重要的桥本先生，在自己深陷其中的宝塚世界面前，不动动笔那根本就不可能。于是，在宝塚发烧友杂志上的连载便一气铺开，数量多到结集成书，第一部之后还出版了第二部。即便如此，先生也依然是不满足，又自掏腰包出版袖珍书《我的宝塚日记》，分发给宝塚同好。

现在，我手边就有这本小书，是先生于昭和53年（1978年）9至12月间的观剧日记，时至今日再次打开，实在是无法不为先生的精进而暗暗吃惊。是年11月，担纲宝塚剧场的，是今天仍作为音乐剧女演员大显身手的宝塚名角儿——凤兰。一次，在歌舞剧的高潮，她走下舞台，与在座的观众简短寒暄。当时对凤兰来说，跟先生打招呼或只因先生是熟人，但对先生来说，这却成了如入仙境的至福时刻……

下面，就让我们一起看一看先生当年的日记。

五、难忘的凤兰情缘

◆**十一月二十三日**

> 小兰（凤兰的爱称）从舞台上走了下来，尽管我坐临通道，但她也绝不至于走到这里来。虽作如是想，但心里还是做好了万一她会过来招呼一声的准备。

越来越近了。但我感觉，她99%是不会过来了，M先生也说："再怎么着也不会到这儿的。"可万没想到，也许是小兰就近打招呼的两个人没有反应之故，她竟径直往这边走了过来！坐我前面的女性上身较长，我几乎全被挡住了。但我知道，100%，小兰是在向我走来。

　　灯光正面打在她的脸上，用"满面生辉"来形容恰如其分。就像发现了期待中的猎物，小兰眼中的笑意颇显顽皮（我喜欢的，就是她那调皮鬼一样的眼神）："欢迎先生光临……"我说："真想不到小兰会走到这儿来！""先生认为，您的魅力在哪儿呢？"我用食指指指头："胡椒盐脑袋。"小兰听罢回道："先生，不是胡椒盐，是白盐。"①观众们立时爆出一片笑声。这是说我没黑头发了。

　　我也跟着大家哈哈大笑起来，小兰连忙为拿我助兴而礼貌致歉道："失敬失敬。"

　　"哪里哪里。"我说着，连拍了两下小兰的大腿。那天她穿的，是一条嵌满珍珠的喇叭裤。

　　　　　　　　　　　（袖珍书《我的宝塚日记》）

―――――――――
① 胡椒盐意为"花白"。

◆十一月二十五日

　　心想，今天该不会过来了吧，意外的是，小兰又把脸凑过来例行问候了。出门时，老伴儿取出一件带银线的衬衫说："今天穿漂亮点。"衬衫之外，是一件淡紫色的手织线衣，外加一件淡紫红色的西装夹克。

　　"是啊，又来啦，我今天这身是不是挺时尚啊？""时尚啊！这一身确实不错。都说人靠衣裳马靠鞍嘛，尤其是男人……"嗯?此话怎讲啊?听罢我就"气呼呼"地嘭地拍了一下正跟观众们笑成一团的小兰的屁股。小兰的屁股真的是很有弹性。

　　　　　　　　　　　　　（袖珍书《我的宝塚日记》）

又是拍大腿，又是拍屁股，稍有不慎，就可能成为相当危险的老爷子，但凤兰本人却并不讨厌。这不，第二天，老爷子又来了。

◆十一月二十六日

　　俗话说"有二就有三"，第三次座席寒暄过

后，小兰也不再拘束，不叫先生了，而是径直喊起了"爹——地——"。这次例行问候之后，我以问作答道："就我这年纪来说，是不是显得挺年轻啊？"小兰闻言正身道："就您的年纪来说……"也许是本想拿我的年龄开玩笑，又感觉不合适吧，话在半路卡住了，顿了一下，她笑着岔开话说，"我真不知道该说什么好了。"

小兰于我是特别的，无论她说什么我都不会生气。可即便如此，小兰还是会顾虑到我的感受，一念至此，不禁握住她的手，在内心深处向她道了一声"谢谢"。

（袖珍书《我的宝塚日记》）

无论对方说什么都往好里想，先生对宝塚迷恋到了何等程度，也就可想而知了。

六、钟情宝塚为哪般

后来，我也曾陪先生前往宝塚剧场一起观剧，而先生事先准备的座席竟是第一排。果然是"内部人员"才有的"实力"。虽无法与先生这样的超级发烧友相提并论，但我也是天生的音乐剧爱好者，就喜欢宝塚这一点来说是确凿无疑的。第一次看舞台剧时，我还在上幼儿园，是寿美花代的告别公演（与演员高岛忠夫成婚）。所以，单就宝塚的观剧历史而言，我比先生都要长。但直到这一次坐在先生旁边现场观看宝塚歌剧，我才切身感受到了宝塚的真正魅力所在，也理解了先生何以痴迷至此。

桥本先生与宝塚佳丽们的个人交流并非仅限于剧场之内，时不时也会在家里或餐厅里招待她们，又是夫妻粉丝团，所以在先生夫妇面前，她们不需要任何顾忌，完全可以敞开心扉。先生又曾是摄影爱好者，作为摄影对象，宝塚佳丽们自然是再好不过，是以先生家里到处都是她们的照片。

如此，演出时，台下坐着一个熟记每个人的名字，熟知每个人的面孔、性格的人，这会是什么情形？前文也曾提到，宝塚剧场的舞台非常大，出演人员很多，这为宝塚佳丽们在舞台之上"玩耍"提供了非常难得的条件。特别是群舞场面，每一位佳丽都会借此机会以自己的独特方式向台下的先生传递信息，冲先生眨眼，暗送一个微笑，不一而足。先生呢，每当此时，也会拿手指点一下，以示会意。特别是在后方起舞的低年级宝塚学徒，只是知道台下有人在认真看自己跳舞就开心到不得了了。

因与先生比邻而坐，我也感受到了先生在观剧时与台上佳丽"私密交流"的乐趣所在。完全无视前方名角儿，两眼只盯着在后面起舞的演员，这样的观剧乐趣我还是第一次体验。无疑，这一乐趣也是宝塚所独有，能让先生痴迷到这般地步不足为怪。

七、执教50周年的庆祝派对

总结桥本先生50年为师生涯的盛大派对举办于昭和58年（1983年）10月。先生65岁退休后，又以一名讲师的身份从教6年，任教满50年后，才最终离开了滩校的讲台。

在同一所学校任教50年，这事本身就是吉尼斯世界纪录，而那次庆祝会，也成了先生整个人生的精彩缩影。

滩校毕业生聚会，历来都是男人们的邂逅大会，先生不愧就是先生，就连他的聚会也与一直以来的滩校聚会迥然不同，其华丽，令你无法相信这竟是为一位一直在男校任教达50年之久的老教师举办的！

这次派对的策划主体是滩校毕业生，但邀请函上还有这样的文字："同庆先生成为宝塚发烧友10周年"。看来，要说桥本先生而只言滩校已然是不成了。派对会场设于宝塚宾馆宴会大厅，在此合流的除从滩校走出去的男士、宝塚剧团女儿国的相关人员外，还有从北海道、秋田县、山形县远道而来的宝塚剧团的女性粉丝团，总计达700人之众，足无立锥之地，盛况空前！而刚刚结束演出、急急赶来的60名宝塚佳丽又来锦上添花，既有高汐巴女士、若叶弘美女士等宝塚名角儿，也有当时为现役宝塚佳丽，至今仍作为人气女演员活跃于电视剧、广告拍摄等演艺活动的黑木瞳，这次派对的盛大景象真是难以形容。

宝塚佳丽们众星捧月般把桥本先生围在中间，唱起了《紫罗兰花》，而先生也像要亲自演出这首歌一样，当晚所穿的正是一件浓浓的紫罗兰色无尾晚礼服。这身装束，就是夹在如花似玉的宝塚佳丽们之中也毫不逊色，俨然一位混迹百老汇的"花花公子"。整个宴会期间，先生一直是满面笑容，自始至终神采奕奕，激情不减，这一晚，就只能用"人生之至美良宵"来形容了。

当晚，会场中的我不只是一名滩校毕业生，还是富士电视台的一名新任记者。为尽最大努力以自己的方式报答恩师教诲，我向台里提交了企划书，想把这次派对放入傍晚的新闻节目。企划通过了。上司的温情，也就此成就了我那值得纪念的处女之作。会场中的我还蛮有节目制作人的架势，又是装模作样地给摄影师下达各类 "指示"，又是一本正经地为宝塚佳丽们做访谈，直忙了个不亦乐乎。但实际上，做企划采访，这还是我有生以来第一次呢。遗憾的是，节目只在关东地区播放，先生所在的神户地区是看不到的。可万没想到的是，住在纽约的一个老学生竟在对美播放的日语节目看到了，一通越洋电话让先生着实地大吃了一惊。

八、重要的，是要具备破除偏见的实质

> 宝塚的舞台，看一次两次难知其妙处。看得次数越多，越感觉这舞台了不起。看着在台上用生命起舞的她们，台下的你，无法不被那股逼人的热情撼动，不由生出敬意。
>
> 我，也要成为这样的人。成为一个越看，越交往，就越有吸引力的人。
>
> （《五十年竟成往昔·与滩校同行的半个世纪》）

对宝塚佳丽们心生敬意，于是自己也想成为这样一个人。在桥本先生纯真如少年的无瑕之心面前，也只能是脱帽

致敬了。

　　也许，对于其他人而言，先生一生言行费解之处多多，但他自己，对此却毫不介怀。

　　　　已过还历之年的半白老人钟情宝塚，定是十足的登徒子无疑。想必，很多人都会这样想。这跟一说滩校学生，就认定他们是一群青瓜瓤书呆子毫无二致，纯属荒唐透顶的误解。并且，因对滩校认识不足，仅基于偏见而发的此类言论，同样见于颇有名望的评论家。但只要具备打破偏见的实质，别人说什么也都能一笑置之了。

　　　　　　（《五十年竟成往昔·与滩校同行的半个世纪》）

　　确如先生所言，当时，社会对滩校生的偏见极为强烈。我只要是说自己在滩校念书，就会有人不分青红皂白地当面说教，"光知道学习可不行，人性更重要！"说完再加一句，"当然，我个人也不了解滩校的学生。"这种时候，心里憋得真是要多难受有多难受，那你断定滩校学生光知道学习而无人性的依据到底是什么呢？更想当场回一句："丝毫不顾他人感受，上来就如此放言，你这种人的人性又在哪儿？你告诉我！"但如此一来，对方就会说了："你看，滩校生果然是没人性！"所以，每当此时，再怎么郁闷那也只能忍着。

东京大学升学人数日本第一，这一口碑越是响亮，所引发的嫉妒也越是强烈。今天想来，我们滩校的学生一直就生活在嫉妒与偏见的夹击之中。被社会视为精英、一生被吹捧的人（看起来确实如此），如何与社会中这些不合情理之处搏斗也是一大课题。桥本先生呢？即便是作为宝塚的发烧友，面对社会的不解时，他也尽显了一位教育工作者的本色。"只要具备打破偏见的实质，别人说什么也都能一笑置之了。"这话虽是因宝塚而说，但也是贯穿于桥本先生整个教育工作中的根本理念。那么，一旦具备这样的实质又会出现什么结果呢？

> 我的余生，亦即我今后的人生，也会因与宝塚相遇而如游极乐境，如临莲花座，尽享人间无有的极致幸福吧。
>
> （《五十年竟成往昔·与滩校同行的半个世纪》）

不为琐事杂音牵绊，确保心灵自由，幸福就会在前方招手。桥本先生以他自身的生活方式，向我们昭示了这一点。

第五章

桥本式写作训练

恩师的条件❺

不厌于绕远而行，让授课于20年后大放光芒！

上班族一样的教师绝不做"无用之功"。

但正是这些"无用之功"，最终化为终身流淌于学生体内的血液。

教师的热情会化为一种能量，在学生们体内持续燃烧。

一、"百论不如一作"

　　说起桥本先生的国语课，给我留下深刻印象的还有一件事。那就是不管水平如何，我们都在先生的要求下写大量的文章。并且，因上课时间能写的数量有限，几乎所有的文章都是下课回家后写的。今天想来，这一家庭作业量之大是相当骇人的。匪夷所思的是，在我的记忆中，竟又几乎没有丝毫辛苦的印象。与之形成鲜明对比的是数学作业，多到令人束手无策的那种感觉，至今都记忆犹新。原因可能在于，写文章对我而言，至少不是一件痛苦的事情。

　　常言道，"百闻不如一见"。具体到写作，那就是"百论不如一作"，不动笔写，写作方法说再多也不可能写好。不停地写，不停地写，豁出命去写，直写到将抵触感一扫而光，这时，所谓的写作方法才会自然地与你合而为一。就像运动员不会停止训练一样，技能的磨炼和提高，全在亲身演练而不辍，即所谓熟能生巧。写作既是一项技能，也是一种习惯，舍实践而求其他，绝非进步之途。

（《五十年竟成往昔·与滩校同行的半个世纪》）

初高中时代跟随先生进行的极限式写作训练，让我直到今天都喜欢动笔写。而后来之所以能置身于电视新闻的世界，说到底也是喜欢动笔所发挥的巨大力量，或者反过来说，正是因为喜欢写，才让我选择了这一行业。想来，可谓之为"文章道场"的先生的写作特训，直接对我的整个人生产生了绝大的影响。

桥本先生认为，文章表达才是真正的国语能力基础，这一点，我至今深感认同。人与人的交流，是借由语言进行的。心有灵犀是有的，但也仅存于较为特殊的人际关系之中，基本上来说，不用语言表达，心灵与心灵之间是没有所谓灵犀可言的。如何向他人表述和传达自己在某一时间的感受，这是一个人在社会中得以生存的重要因素。可以说，国语能力就是社会生存能力本身。

既是交流，开口说就好了，为什么要写文章呢？实际上，在动笔写的时候，会有大量仅靠说话无法意识到的各种各样的新的发现。自己对一事一物到底是怎么想的，追究起来可能真不清楚，并且这样的情况之多超出了我们的想象。但若鼓起勇气，当真动手，为把不清楚的想法写成文章左思右想一番，你对某一事物的想法居然就会在考虑文章如何写的过程中清晰、明确起来。特别是有的时候，当你试着写成文章时才会意识到，此前自认为已然成熟的想法到底有多么牵强。这一个又一个的发现，也在推动着自我了解的不断深化，说写作是令人心跳的一项有趣"作业"也是没错的。

数学算式是有正确答案的，与之不同即为错误，但文章表达不同，写文章不存在正确答案。虽存在日语语法的正误，但就如何表达来说，基本上是自由的。就此而言，文章表达实际上是一个蕴藏着无限可能性的深奥的文字世界。

而先生就是想让我们在青少年时期就感知到这一点，对于先生的这一祈愿，再一次表示由衷的谢意。

二、至今不忍丢弃的那摞作文集

在神户老家的纸箱里，紧紧与《〈银汤匙〉研究笔记》塞在一起的，是自初中一年级开始6年间所写的20本左右的作文集。今天看到都不禁感叹：干得漂亮！竟然写了这么多！

当时的作文数量之多，真是让自己都大吃一惊。

"要像蓝天一样"——这是我们第26届滩校生的统一标题。作文集第一号是于昭和43年（1968年）7月25日"发行"的，在前半部分的目录中，赫然出现了这样的标题——"我考上滩中啦！"，即考入滩中的喜悦余温未散之际的记录。能收入作文集的，都是在整个年级中被选中的作文，而我，也有幸获得了这一荣誉。毕竟，我是连考两次才进入滩中的，这事本身就比较特殊，具备与其他同学拉开距离的充分条件。我起的标题是"要经受住考验"，起笔便是对第一年落榜场面的"生动描写"：

> 那是去年的三月五日。丁零零——丁零零——电话铃声刺耳地响起来。是不久前滩中升学考试的结果通知。考上了？还是……没考上?! 我不由得屏住了呼吸，心也紧张得提到了嗓子眼儿。
>
> 母亲小心翼翼地挂上了电话。我强压怦怦的心跳观察母亲的表情。只见母亲的脸转眼间便苍白起来，连说话的声音都颤抖了。不会吧……一瞬间，我便感觉自己就要被不安与绝望压扁了。果然，从无力地放下电话的母亲嘴里吐出来的，竟真的是"落榜了"。

其他学生都是以上榜的喜悦起笔的，就此而言，我的这一开头确实是异类。这篇作文，今天读来都依然感觉害臊，但令我自己都深感意外的，是一年后再次挑战滩校成功后的自我心理描写。心想一定是欢呼雀跃无疑了，哪承想竟是这样的感受："本应开心才对，却又并没有特别的感觉。"接下来还对这一心理的原因背景进行了自我分析："我意识到，就像去年的我，一定有很多人抱着考入滩中的唯一愿望而全身心努力，却从这道独木桥上滑了下去……"

当时的自己居然有过这样的想法？记忆中是一点印象都没有了。今天能看到37年前的想法记录，真的是很值得庆幸。

不管这个箱子塞得多满，这些作文集和先生的手制教材最终也没被丢弃。丢弃的机会是很多的，但我却没有这样做的勇气。且不只是我，至今珍藏着这些作文集的同学大有人在。这就是能令我们珍视到如此程度、记录着自己在不同时期内所思所想的中学作文集。

在整个初高中的校园生活中，无论是什么样的时刻，先生一直是毫不留情地给我们下达作文任务。这一任务是强制性的，不完成是绝对混不过去的。从这一点来看，早在远藤周作先生就读滩校时即享有大名的魔鬼教师的身影，到我们入读时也依然浓墨重彩地保留着。但有一点，先生并不是将

"重劳动"单方施加给学生，实际上，每布置一次作文题，先生都要逐一阅读全年级180人的每一篇作文并加以挑选，这一劳动的繁重程度远超我们。对此，我们也是心知肚明，对这一作业也就难以懈怠。更重要的是，自己的作文被选入文集时那种无法言喻的开心也激发了我们的"奋进之心"。

三、恐怖的每月读后感

初中三年，先生每月都会确定一本书让我们读，读完还要交读后感。自己写东西固然开心，但这每月一次的读后感，说实话真的是令人痛苦非常。首先，要写读后感就非读不可。若在平时，每月一本的阅读量还不算太大的负担，但一到准备期中期末考试，那要挤出时间读书也当真不易。更何况，阅读书目里还有像《徒然草》①《古事记》②这样的书，一个月内读完并写出读后感是相当吃力的。但这些似乎全然不在先生的考虑之列。

"要滋养基本的国语学习能力，奥秘全在写作之中。"

---

① 日本中世纪文学随笔体代表作之一，作者是吉田兼好法师。一般认为其写作时间为1330—1332年。
② 日本第一部史书。和铜4年（711年），日本元明天皇命太安万侣编撰，次年成书。该书被视为日本第一部文学作品，内容包括日本古代的神话、传说、歌谣、历史故事等。

对于将写作视为重中之重的先生来说，所谓读书也不只是单纯的阅读了，读过的内容要反刍，要写出梗概和自己的感想，不如此，就不可谓此书已为己有。或许，读书在桥本先生那里，说是为写而读更为确切。

下面，我就把先生三年间布置给我们的阅读书目列出来，供大家参考：

〇一年级

《哥儿》《傻瓜伊万》《山椒大夫》《罗生门》《王子与乞丐》《学徒之神》《野性的呼唤》《胡萝卜须》《日本昔话》《风之又三郎》《小法黛特》《磨坊书简》

〇二年级

《回忆录》《长腿叔叔》《不记恩仇》《石川啄木歌诗集》《次郎的故事》《德米安》《福泽谕吉自传》《行走在非洲丛林》《阿Q正传》

〇三年级

《竹取物语》《富兰克林自传》《伊豆的舞女》《托尼欧·克洛格》《徒然草》《福尔摩斯探案集》《草枕》《约翰·克利斯朵夫Ⅰ》《古事记》《欧·亨利短篇小说集》《雨月物语》

这些书的读后感我都写过，但说实话，有的书自己是否曾经读过却真的不记得了。平时我们读书也一样，大部分内容是记不住的，既如此，那还不如一开始就不读，不是吗？产生这种想法也很正常，但是否认真反刍过一部作品，是否曾用自己的语言表达过一部作品，还是会有很大的不同。且不说这一体验本身会化为自身的某种素养，至少，会让你产生一种自信，即有能力把自己的想法写下来。

四、棘手的短诗写作

桥本先生的作文作业还不只这些。初二那年暑假，我们的阅读书目是《石川啄木歌诗集》①，作业也不再是读后感了，而是要写10首以上的短诗。实际上，这次作业也成了我们创作短诗、制作年级诗集这一系列活动的契机。毕业前，我们这一届共计"推出"了16本诗集。

写文章，我没有任何的抵触，但短诗不同，我真有些写不了。当然，所有同学的诗都会收入我们的诗集，但写得好的同学一次能被收录10首，写不好的就只有一首了。而我，就在每次只有一两首被收录之列。

不知道为什么，一写诗歌我就不认真，不过是押着韵脚

---

① 日本诗人石川啄木（1886—1912）的诗集。

把字数填够而已。啄木有一名句，说玩背母游戏时突感母亲之轻，内心大恸，泣不成行，不到三步就再也走不下去了。我就模仿这一名句写了一首，可我母亲那体重轻易是背不起来的，于是我就赋诗道，"戏玩背母母太重，泣下不成行"。

如此不认真的诗歌交给先生，先生应该是会生气的。虽然记忆中先生并没因此而直接训斥过我，但他有些话，感觉就是在说我，"有的诗歌不是写的，而只是把字填进去就完事了"。

关于短诗写作，先生曾写过这样的话：

> 我无心将你们训练成诗人。若有的同学喜欢起了写诗，并能一直坚持下去，那当然再好不过。但我让你们写，目的是让你们具备诗歌创作所需要的精神集中、选择、判断的能力和对语言细微处的感受能力。所以，无论写得好与不好，最少也把一首收入诗集。收录超过10首的同学与只有一首的同学得分一样。有可能，只能收录一首的同学，反而会为写诗付出更多的辛苦。他们的得分，来自为写诗而努力的这一行为本身。

> （《五十年竟成往昔·与滩校同行的半个世纪》）

回头想来，180名初中生写的诗，先生要独自一人一首一首地埋头读完，再逐一筛选，着实是令人敬佩。

五、诗歌背诵

先生的授课中，令人至今难忘的事情很多，诗歌背诵便是其一。我们要把北原白秋①、国木田独步②、室生犀星③等人的诗歌背下来，然后在大家面前"显示"一番。

日语之美，非朗读不知其味，先记到脑子里再说。这就是先生的一贯作风，学《百人一首》的时候也是如此。背诵的重要性，先生可谓无时不在强调。在先生那里，"不要东讲西讲，先记住再说"的作品，与"思辨到底"的作品是有明确区分的。目前的国语教学重点可能是阅读理解，是以几乎没有老师会强调记忆和背诵。目前的宽松教育正是始于与填鸭式教学的彻底决裂，也不可能欢迎只是记诵的教育方式。可在成人之后，若是无意中冒出一节诗歌或汉文，却总能给人一种很有教养的感觉，颇显帅气。当然，先生不是为

① 1885—1942。日本诗人、童谣和歌作家，日本近代诗人代表。
② 1871—1908。日本小说家、诗人、新闻工作者、编辑。千叶县人。作品集有《武藏野》《独步集》《命运》等。被视为自然主义文学先驱。
③ 1889—1962。日本诗人、小说家。石川县人。留有《室生犀星全集》13卷。

让我们显得帅才让背的，可为显得更帅而学习也不是坏事，我当时的学习意识中这样的成分就不少。可能有人会说动机不纯，这话我不赞成，就动机来说，本身就并无禁区可言，而从结果来看也确实是会让人变帅，并且，浸入体内的优美文章也确实会成为人生中的一种营养。直到今天，我们这些老同学聚会时仍然会热烈讨论的，就是作为背诵作业布置下来的《长恨歌》。

这是唐代中期，也就是中唐诗人白居易作于806年的长篇叙事诗，讴歌了唐玄宗与杨贵妃的浪漫爱情，累计达120行之多。要把这么长的诗一字不差地背下来真是难如登天，但先生却毫不留情，非让我们把全诗背下来不可。

为完成这一任务，我把吃奶的劲儿都使出来了，可中国的唐诗本来就不好理解，那些句子就是不往脑子里钻。心想，追着故事背或许会好点儿，可最后，故事倒明白了，最重要的唐诗本身却仍与我大玩楚河汉界……

大家都知道，在这座难啃的压顶泰山面前，谁先背下来，谁就能在课堂上"显摆"一番，可这"一号种子"就是总也无法出现。

最后，完美得享"一号种子"殊荣的，是西本征央君。西本君是来自和歌山的天下一品"秀才"，在同期同学中，他那注意力的集中程度和周身一股逼人气势绝对是鹤立鸡群。告诉你他初中时每天要做5000次俯卧撑你就知道，这到底是体力与意志强韧到何种地步的主儿了。正是其强大到无人可望其项背的那份优秀，才让他成了比任何人都快地突破《长恨歌》难关的"一号种子"。

当西本君一字不差地背完时，教室里响起了震耳欲聋的掌声。直到今天，我都对当时的场面记忆犹新。

西本君后来成了一位世界级的学者。从东京大学医学部毕业后，历任美国哈佛大学副教授、庆应义塾大学医学部教授，是防止阿尔茨海默氏症致病基因导致脑神经细胞坏死蛋白质的发现者，并亲自命名其为"Humani"。在医学领域，这是诺贝尔奖级的重大发现，也引起了全世界的关注，可惜的是，西本君英年早逝，年仅47岁便因胃癌离世。其抱着"平生救人性命当以亿计"的宏愿，度过了短暂却又气壮山河的一生……大家对西本君的回忆，也总会随《长恨歌》一起苏醒。

六、通宵达旦的古典作品共同研究

高中生们的学习生活，我不想以各自备战高考的"孤独之战"结束。

先生的授课，尤其该大书特书的，就是"古典作品共同研究"。我们要从浩如烟海的古典作品中选出自己喜欢的，每三至五人为一组，各以不同的方法和视角研读。这就是我们高二那一年的暑假作业，大家的研究成果，也汇总成了一部名为《古典人物及作品》的文集。

我们小组选定的是《雨月物语》。这是18世纪中期江户时代的一部短篇小说集，作者是上田秋成，他从中国的白话小说中选取题材，创作了一系列的怪异故事，汇总而成《雨月物语》。我们手里的，是以"读物"形式刊行的新版本。

我们的论文题目是"从《雨月物语》看上田秋成"，也就是说，我们所做的不是对《雨月物语》这部作品的分析，而是对作者上田秋成这一人物的特写，即借由其作品深入挖掘这个人的思想。

30多年后的今天，我们小组的五名成员也已是各自在不同领域大显身手的人物了。中岛健仁君是事业重建业内声名卓著的律师；西田猛君则由自治省（当时）的一名公务员转投政界，成为众议院议员；井上诚治君则从一家大型商社辞职独立，成为活跃于中日两地的商务人士；三川比佐君则一直在一家大型建筑公司从事设计工作。所有人当时都称得上是一顶一的雄辩家。

记不清我们当时的研究是如何推进的了，论文的前言部分是这样写的：

> 我们五人先对《雨月物语》进行了全篇精读，全书共五卷，由五人分头承担，每一卷都要在负责人的主持下共同讨论。但因五人的个性和思想不同，要达成一致也绝非易事。于是，在某一成员家中讨论到深夜11点再各自回家的日子也开始了。有时，五个人也会因通宵讨论而直接在某一成员家中留宿，也会因意见对立而伤和气，一边生气一边啜饮报晓的咖啡。

记忆还真的是不可思议。大家一直讨论到天亮我是记得的，有意思的是，围绕着《雨月物语》展开的讨论我忘得一干二净，但离题万里，因全然无关主旨的话题激辩到一处，难解难分这一点，倒是时至今日都记忆犹新。

但就研究论文本身的质量来说，却令年已半百的自己都大吃一惊。比如，针对《雨月物语》的核心特点怪异性，我们进行了如下分析：

在现实社会中，人类的本性一直处于压抑之中，从约定俗成的社会伦理规范到政治压力，直至人际关系等，都会对之造成压抑。要想不被其束缚而追求人性，就必然会成为反现实的、刻画非现实世界的作品。因此，秋成实是以怪异故事而求人性。

行文的不成熟无法否认，但至少，这样的认识绝对远远超出了我的个人水平。要是我独自阅读这部作品是不可能达到这一高度的，思路也不可能深化到如此地步。由此看来，还真是三个臭皮匠能顶一个诸葛亮，五个人每一个都不成熟，但若集五人之力于一处，直言不讳，侃侃而谈，大加辩论，最终也会取得这样的成果。

就像先生所说的一样，这，绝非"孤独之战"，而是合力于一处才能完成的事情。这样的事情本身就非常有趣，完成后的充实感也分外丰厚，非单兵作战可比。或许，这也正是先生策划"古典作品共同研究"的目的所在。

第六章

我的教育改革论

恩师的条件❻

要以坚定的信念和火一样的热情与学生碰撞！

教育，是师生双方作为人的同类间的格斗。

有大写的教师，才会有大写的学生。

一、"终极自由校"的启示

　　教育，是一个国家的根本大计。深究下去，日本所面临的种种课题无不与教育问题有关。泡沫经济破灭后，日本也一直找不到重生的契机，这一无情事实的背后，日益荒废的日本教育才是最大的问题所在。教育，是培养下一代的一部巨大的机器，一旦运转失灵，必将给未来投下巨大的阴影。

　　我们的教育到底该如何重建？理想的教育到底又是怎样的一种形态？对于这一问题，我的思考一直是基于恩师桥本先生的国语教育进行的，在这里，我想换一个角度，为大家介绍一所给了我极大启示的"极端"学校。

　　这就是我采访过的美国波士顿郊外的萨德伯里山谷学校①。和日本的类似设施一样，这里也是用来接收拒绝上学的孩子们的，不同的是，该校简直就是一所无一事不自由的

————————
① Sudbury Valley School，也译作瑟谷学校。

"终极自由校"！

校舍就是普普通通的民宅，校内也没有严格意义上的老师，而只有看起来像老师的成年人。学生们几点来都可以，几点回也悉听尊便。而且，从走起路来摇摇晃晃的孩子到业已成年的成人，学生们的年龄也是各不相同。这里既没有课程，也不会上课，来了只做自己喜欢的事就可以了。有的孩子实际上一整天都在玩电子游戏。当然，也有呼朋引伴打篮球、踢足球或钓鱼的，但大部分孩子都是坐在客厅的沙发上跟朋友聊天。这样的地方，说是学校谁都会摇头，但就是这个地方，深入采访以后你会发现，毫无疑问，这个地方在扎扎实实地实施一种教育。

这里不上课，却有与上课类似的组织形式。只是并非课程设置在先，而是因应孩子们的愿望与要求开课。如果有孩子想学历史，那只要他向大人们提出要求，学校就会为他上历史课。

校舍虽是一处普通民宅，但占地面积很大，房间也很多。我们采访的时候，正赶上一位"老师"在其中一个房间热心地为一个亚洲移民的女孩儿上数学课。因为语言障碍，她跟不上普通学校的进度，就到这里来了。学习方法也是自己找教材、做题，解不出来就到此求教。

"对学习来说，最重要的是要有自发性的学习欲望。在他人强制下被动学习，学了也不可能真正掌握。在自发性需求产生之前，就让孩子们做自己喜欢的，并且想做多久就让他们做多久。确实有的孩子整天都在玩电子游戏，但也终有玩腻的一天，没有人能一直一直玩下去。玩够了，就会很突然地想做些什么。这一点非常重要。而在他们突然想做什么的时候，为之提供支持和帮助的，就是我们。"学校代表、该校创始人之一丹尼尔·格林伯格说。

学校还向我们介绍了一个最近刚开始发生变化的孩子。此前，他也是一直在玩电子游戏，但突然有一天，他"想成为像爸爸一样的律师"了。自此便通过网络埋头研究起了诉讼。一般情况下，想成为律师的话会到普通学校去，并通过努力学习确保优异的成绩，但这个孩子却是从对律师工作本身的兴趣出发的，如此一来也没必要绕远了，直接就跟从自己的兴趣调查起了实际的诉讼交锋及判例等。现在的他，据说每天都非常开心和充实。

格林伯格说：

> 现在有网络，各类信息一上网就能查到，也不用一一去记忆了。自我思考的能力比记忆力更重要。在信息爆炸的高度信息化社会，等待只会一无所获。只要有目标和兴趣，并能够独立思考，就能不断拓展自己的世界。重要的是，你的目标是什么，你被什么样的事物所吸引。明确这一点之后，就能进入自我发展的快车道。而在孩子走到这一步之前，我们，需要耐心等待。

格林伯格认为，在我们所处的时代，应以学生本人的自发性为重，任务分配式教育已然不再重要。此话不无道理，但在非常重要的青少年时期，如此放任的"教育方式"，能保证孩子们成为像样的成年人吗？带着这一疑虑，我们走访了两位"终极自由校"的毕业生，在亲眼看到他们的成长轨迹之后，这一疑虑也随之打消了。一位业已成为一流的金融人士，另一位则在大学研究室从事天体研究。确如格林伯格所言，他们置身其中的世界都是自己发现的，也都非常漂亮地跨了进去。当然，萨德伯里并不是他们取得最终学历的学校，两人离开萨德伯里后都考入了大学，之后才获得了现在的地位。

那位金融界人士的办公室在波士顿市中心一座大厦里，满脸自信的这位金融界人士，话语中充满了对萨德伯里的感激。无法适应普通教育的他，在萨德伯里找到了属于自己的怀抱，也正是在萨德伯里，他才找到了自己想做的事情。

在天体研究室工作的那位萨德伯里毕业生是一位女士，虽自小喜欢仰望星空，但之所以能走上天体研究的道路，却毫无疑问是萨德伯里的功劳。这也是她说"没有萨德伯里就没有现在的我"的原因所在。萨德伯里，为怀有宇宙梦想的少女搭起了一架迈向宇宙专家之路的梯子。

二、自由与独立

原以为萨德伯里山谷学校没有校规，实际上却并非如此。只是，这校规不是普通学校那样的校规，而是学生们自己制订的，且比普通学校的校规还要严格。每天早晨，由学生们选举的学生代表都要召开委员会，对大家是否遵守了这些规则进行严格审查。

我们采访的时候，委员会正在对有学生打扫洗手间偷懒的事情进行审查。整个审查过程俨然就是一种庭审。审议人在认真听取诉讼方的申诉后，马上就把偷懒的孩子叫来了，并给予他申辩的机会。之后，委员们对双方意见进行了合议，最终下达了罚其打扫洗手间三天、清扫房间三天的处罚。委员会所做的决议重于泰山，要无条件服从，拒不执行会被学校开除。

委员会要处理的问题五花八门，而年长的该如何领导年幼的，也全靠"自学成才"。不是说高年级的就必须怎么样，而是自发地领会年长者必须扮演的角色。

这也正是美式民主的原点所在。或许，最初登上美洲大陆的清教徒们就是这样集会的吧，大家一起确定一条一条的规则，不遵守就予以处罚，以此建立秩序，进而打造了共同生活的社区。规则自己制订，意见有分歧，就要彻底对话，并在此基础上投票表决，少数服从多数。并且，规则既然是自己制订的，就要严格遵守。这，才是真正的民主主义。但在日本，给人以强烈印象的是，法律是上面制定的，下面所要做的只是服从，不服从就被罚。也难怪有人会说，日本并不是真正的民主主义。

乍看上去，萨德伯里山谷学校只是一个毫无秩序可言的松散组织，但实际上，她拥有一个稳健的基于民主主义的原理原则运作的秩序维护系统。格林伯格委婉却又不容分辩地说过这样的话：

> 这是一所自由校，所以，大家很容易被"自由"一词误导，但在我们的意识里，"自由"一词是不重要的，重要的是"独立"。培养"独立"的，也就是有独立自主、自力更生能力的人，这才是我们的心愿所在。

原想采访一家非常特殊的学校介绍给日本，万没想到的是，最后发现的，竟是一条教育的王道。

三、学力低下的元凶："宽松教育"

日本学生的学力低下已经成了一个严重问题。2003年，OECD（经济合作与发展组织，简称经合组织）以15岁学生为对象的学力调查显示，日本学生的数学应用能力由3年前的第1位下滑到了第6位，读解能力则由第8位下降到了第14位。在这一大幅度下降面前，文部科学省也不得不承认，"我国（学生的）学力已经跌出了世界顶尖水平"。

战后日本的经济奇迹，依赖厚实勤勉的大批优秀劳动力，而这，又得益于日本的高水平教育。对资源匮乏的日本来说，人才就是最大的资源。学力低下的真正意味，或许是在暗示昔日的人才大国日本如今已是日薄西山。

而其元凶，正是文部省（当时）推行的"宽松教育"。实行周末双休、大幅削减上课时间不说，教科书内容也是日趋平易，比如"圆周率不是3.14，而是约等于3"。"宽松教育"的初衷，是不再出现在中高考大战、高分教育、灌输式教育中掉队的学生。要消灭掉队，本应大力提高平均学力才对，却推行了"宽松教育"，其结果也就完全与初衷背道而驰，不仅没有减少掉队者，还造成了整体平均学力的低下。

"宽松教育"要"培养（学生）自主学习自主思考的'活着的能力'"，随着课业负担的减轻，在校学习趋于轻松，学生的个性本该相应得以伸展，形成多样化发展。但实际情况却并非如此，对成绩优秀的孩子们来说，校内课业因过于简单而日益无趣，课后补习班就此成为其学业的中心。而在有名的私立中学，以升学为目标的孩子们间的中高考大战，较之以前更是有过之而无不及。

随着"宽松教育"的推行，以跨越既有科目藩篱为目的导入了综合学习，却因有能力充分发挥其功效的教师不足，这一科目常常作为自习时间白白浪费了。推行"宽松教育"的最终结果可谓事事与愿违，无不与当初的设想南辕北辙。面对这一局面，文部科学省只好再次转向，导致教育一线一片混乱。

那么，"宽松教育"以失败收场的原因，究竟又是什么呢？

四、"宽松教育"错在哪里

只要考入好的大学就能进入人生的胜者行列。中高考大战的大幕，就是被这一名校信仰拉开的。学生被考试逼得喘不过气来，分数成了判断学生价值的不二尺度，为在中高考大战中胜出，将他人挤下独木桥也在所不惜，或者说这才是唯一的方法。教育现场弥漫着一股浓重的杀伐之气。不能继续推行这样的强制性教育了，而要施行能让学生个性自由伸展的教育，赋予每一位学生"宽松之心"。这，就是最初导入"宽松教育"时的美好初衷。

我自己，就是从成为批判对象的中高考大战如火如荼的时代走过来的。对于论争伊始便只强调应试的弊端与危害，我是有抵触的。当时，像"埋头学习就会失去人性"一样的论调横行无忌，整个舆论氛围，就是不要以学习去竞争。

在中高考大战中，我经历一次又一次的惨败，考入大学也比同龄人整整晚了三年，中高考大战究竟有多么冷酷，我的感受比任何人都痛切，但若以此否定竞争，我就根本无法认同了。人与人的能力本来就有差别，而竞争也确实能提高人的能力。这都是无人能够否认的事实。

不可否认的是，竞争只集中于考试分数，尽可能得到高分，哪怕只是一分也在所不惜，这样的竞争，确实会给人以无趣乏味之感，可体育运动呢？全力以赴就为再跑快一秒，再游快一秒，再跳高一厘米，不是吗？就为比其他选手更快更高更强，为什么大家不去批判让人起早贪黑、拼尽全力的体育比赛，却只把矛头指向了考试科目的竞争呢？

更何况，数学不好还可以用英语挽回，学习不好还能以成为运动会的明星一洗文化课的郁闷。这就是现实。学生们终是要投身于充满竞争的社会，在摸爬滚打中完成对自我的认知。

漂亮话说再多，现实社会也依然是一个竞争性的社会，为让学生们适应这样的社会，教育带有竞争性也是理所当然。现在，有的小学低年级通信簿为二级评价①，这样的评价

---

① 通信簿是学校与家庭间的联络簿，记录有学生的在校成绩、表现及健康状况等。因不同于官方学生档案，通信簿形式及评价方式也因校而异，二级评价是指评价只有类似于"良""可"的评价体系。

机制下，学生们不可能在学习中竞相努力。对孩子来说，有时候看谁得分多，看谁算得快，也会产生一种类似于打游戏的乐趣，我甚而认为，对此加以封杀有违生理。

说到底，"宽松教育"的"宽松"到底是指什么？对它的认识可能出现了根本性错误。"宽松教育"的"宽松"本是指"心灵的宽松"，但在具体到什么样的教育才能实现这一点上，焦点发生了偏移和错位。

稀释教育内容、减少学习时间，以学力低的孩子为准、宠着溺着，文部省的官僚们当真认为，这样，就能让孩子们孕育出一颗"宽松的心灵"吗？"心灵的宽松"是一种精神的高度，绝无轻易实现的可能，非努力努力再努力，锲而不舍，不断提升，否则根本不可能抵达这一境界。真正意义上的"心灵的宽松"，是身凌绝顶、一览众山之小时的那种舒畅和满足。浑浑噩噩，游手好闲，吊儿郎当，要是这样的人能得到"心灵的宽松"，那此人也必是极品。

五、衷心期待每一位老师奋发有为

桥本先生的国语课既不是分数教育也不是应试教育，而是与所谓"宽松教育"完全相反的、严厉的"填鸭式教育"。年少而有柔性，吸收力强，这样的时期，正是要以持续不断的强烈刺激促其发酵，将日语的绝妙意蕴灌入体内，能写一手好文章，不断突破自身能力极限的最佳时期。正是靠这种连续不断的强力拉练，桥本先生才让学生们获得了头脑与心灵的巨大滋养，让他们具备了真正的"活着的能力"。这，或许才是真正的"心灵的宽松"。所以，"填鸭"与"宽松"并不是寓意相反的一组概念，两者间的实际关系，是"宽松"正因"填鸭"而生。桥本先生的国语教育才是真正意义上的"心灵的宽松"的教育，对此，我毫不怀疑。

桥本先生所热衷的宝塚世界也一样，歌、舞、表演，基本功不扎实，功夫不到家，也绝无登顶而为大腕名角儿的可能。歌舞课散漫，休息时间多不胜多，训练随心所欲，谁会当真认为，这样就能奉献出一台台内心舒畅的演出呢？假如宝塚音乐学校打出的广告是"贯彻落实 '宽松教育'"，毫无疑问，观众们一定会掉头而去。

但有一点，学生们之所以会跟随一位要求严苛的"魔鬼教师"，也全赖其身先垂范。若只是挥舞暴力教鞭，学生们也只能是报以叛逆，绝无正面积极的教育成果可期。教师的一举一动，学生们都在观察，在一位能够拿出一本自制教材的教师身上，学生们看到的，实际上是一种深不可测的强大实力。在一本厚重的手写教材面前，要为自己的偷懒辩解，任何说辞都是行不通的。

表面上，桥本先生的教育与萨德伯里山谷学校的彻底放任主义是完全相反的两个极端，但实际上，两者的独立人格培育指向完全一致。对文部省教学方针充耳不闻，我随我心、为所欲为地自制一本能让自己中意的教材，一直践行唯我独有的教育教学方式……能出桥本先生之右的独立自主路线，要找到恐怕是不太可能了。接受着这样一位教师的教育，学生们会以独立人格指路也无任何的不可思议之处。

所谓教育，是在教师与学生之间展开的一场人与人的格斗。就像有了强大的对手才会有精彩的比赛一样，有了大写的教师，才会有大写的学生。当时文部省以失败告终的"宽松教育"，却像是有意回避与学生的身体碰撞，将学生的成长完全交由其自主性，自己只站在远处观望呐喊，"都给我强大起来！"

唯有灵魂与灵魂的碰撞，才能唤醒学生沉睡的潜能。

对我们这些学生来说，桥本先生的存在感是压倒性的，就如一团炙热的火球冲进了我们中间。钢板刻印的每一个字，都包含一股热烈到骇人的难以遏制的师情直击我们的灵魂。也正因如此，这本教材，直到今天都令我们难以割舍。

而这样一位老师的故事，我也想讲给自己的孩子这一代。

日本教育的巨匙不在别处，它就握在老师们的手里。可现在，倾注于教育的热情与劳力能在桥本先生之上的老师，还有吗？我从内心深处期待着老师们的奋起！现在的时代，仅靠学校之力无法处理的问题堆积如山，大环境之不易确令人无限同情，但我还是希望老师们能以火一样的热情与学生们的灵魂碰撞，还是希望能把火一样的身影深深地印入每一位学生的脑海，还是希望能有学生像我一样，毕业30年后，依然想把老师那股巨大的教育热情讲述给下一代，还是希望老师能让学生引以为傲："我的恩师，就是您！"

孩子们，也一定对这样一位恩师的出现翘首以盼。

结　语

今年（2005年），桥本先生93岁，稍有些耳背，精神却依然矍铄，甚至还自制《源氏物语》教材，在神户的文化教室讲解古典文学。如此算来，桥本先生的教师生涯已逾70年之久了。

先生的生活方式一如既往。85岁起笔的《源氏物语》现代文今译也即将完成。该书的写作也是桥本式的，先将草书体原文改写为汉字、假名，然后再置换为现代文。这样的《源氏物语》今译本是不可能出版的，所以，先生虽译之不辍但也是淡泊为之。

这本书也是手制本，用我们跟先生学习的方法，以书绳穿订。与当时不同的，只是草书部分由刻板改为了复印。

此外，先生至今都在写当初布置给我们的作文和短诗，这些手写的诗文按季节汇总成集为《四时歌》，是我们了解先生近况的重要信息。

　　几年前，先生夫人去世，而先生又无子嗣，形单影只，让我们很担心。先生深爱着自己的妻子，当时写的很多诗，全是读来令人满怀悲恸之词。好在近来先生终于从悲伤中走了出来，脸上也恢复了往日的容光。

　　只是，《源氏物语》的现代文今译即将完成时，我却多少有些担心了。11年前，也就是先生82岁高龄时，因"胸主动脉夹层"而突然倒下，命悬于生死两界之间，多亏紧急医疗救护员果断正确的救护措施才保住了性命。先生自己也开心地说："感觉是为紧急医疗救护员制度的创建尽心尽力的黑岩君救了我。"

　　其后，先生完全不像是罹患过心跳停止危症的人，也没留下任何后遗症，完完全全地重返社会了。而为让自己的生命之火继续燃烧，先生所订立的目标，就是《源氏物语》的现代文今译。自85岁着手，一晃8年过去，这一工作也即将完成。可一旦完成，没有了目标的先生会怎么样呢？我担心的，就是这件事。可现在看来，我这个担心也不过是杞人忧天罢了。

　　前几天，为参加远早于我们的老学生的聚会，先生来到了东京，我也得以与先生倾心交谈。学生时代，先生教我们不同年龄的称谓最高只教到99岁的"白寿"，而在这次同窗会上，我又向先生请教了"白寿"之后的称谓，这才知道，108岁称为"茶寿"，111岁称为"皇寿"。而先生自己，似乎也对这些称谓在意起来了。

此前，几乎没人能活到这种年龄，这些称谓本身也没有太大的实际意义，但随着高龄化的不断演进，这些称谓也有可能跨入必要性知识的行列了。而先生也为自己设定了新的目标，且已然向着目标踏了出去。

话说回来，能在年过半百之后向恩师求教，这本身就是一种莫大的幸福。先生的"茶寿"，还有之后的"皇寿"，庆祝会将会是怎样的场面，现在，只是想象一下就令人心生雀跃了。

托编辑广田成哉先生之福，我能在先生身心康健之年将本书送到先生本人手里，委实令人开心。作为一名学生，能将我的恩师——桥本先生倾注于教育的火一样的热情讲述给下一代，也是一种无上的荣光、一种巨大的喜悦。

黑岩祐治

2005年3月

解　说

滩校与个性鲜明的老师们

● 橘木俊诏[①]

　　我与本书作者黑岩祐治先生，都在滩高学习过。位于神户市的滩校以其高升学率而声名远播。我们所处的时代重理轻文，200 名学生中，有文科志愿的学生只有四分之一，还被视为"差生"。可现在来看，最终功成名就的，反而是以神奈川县知事黑岩先生为代表的文科生居多，真令人感觉不可思议。

　　在这里，请允许我将拙文分为前后两部分，前半部分对本书舞台——滩校做一个简单介绍，后半部分介绍一下以桥本先生为代表的滩校教师阵容，赘述一下自己的经历，以此代为"解说"。想更加详尽地了解滩校的读者，可参考拙作《滩校　何以能一直保持"日本第一"》（光文社，2010 年）。

---

① 橘木俊诏，同志社大学教授。1943 年生，兵库县人。毕业于小樽商科大学。后由大阪大学大学院赴美留学，获约翰·霍普金斯大学大学院博士学位。任京都大学教授等职。

创立翌年，即1928年，滩校作为一所私立男子中学正式开学，新生定员200名。出任校长的，是时年38岁的真田范卫。真田高举起了一杆大旗，"非让滩中成为日本第一校不可！"这一决心结出果实，是在40年后的1968年。此前一年，仅以一名之差，落败于稳坐东京大学录取人数全日本第一宝座而不倒的都立日比谷高中。次年，也就是第20届滩校生，终以东京大学录取人数132名的成绩，成就了滩校全日本第一校的伟业。

顺便提一句，我所在的第14届滩校生1962年毕业，是年，我们以京都大学录取人数52名的成绩成就了滩校京都大学录取人数全日本第一的美名，同年滩校的东京大学录取人数是39名。之后，作为非东京校而志取东京大学的一所学校，滩校不断进取，最终成了东京大学录取人数全日本第一的超级名校。

时代在变化，滩校的升学目标也发生了转变，即多数优秀学生的目标所向是医学部。对此可谓臧否两论，有人认为，每个人的人生选择都是自由的，这样没什么不好，但也有意见认为，人才向医学偏移不妥。

这且不谈，我们想要解析的，是滩校力挫东京名门，一跃而为高考之王的奥秘。

第二次世界大战前，在旧制神户一中（现为兵库县县立神户高中）面前，滩中只能甘拜下风，望尘莫及。转机，来自1945年（昭和20年）因战败而推行的教育制度改革。

"六三三四制"的导入，让私立校推行初高中六年一贯制教育成为可能，同时，以神户一中为代表的新制公立高中为男女共读，希望男女分校的学生及家长便将目光转向了滩校。最重要的一点是，随着学区制度的变化，在新制神户高中（旧神户一中）求学的学区外学生，必须转学到本地高中就读。而接收这批学生的，就是不在学区制管制之内的私立滩高，这批学生就是第4届滩高生。这也多亏时任校长清水实的英明决断：该年度破例加收50名学生。而这批优秀学生成就了滩高，他们毕业时，极大地推高了滩校的大学录取率，报考滩中的学生由此大幅增加。

自昭和20年代末至30年代，在阪神地区的小学生眼里，滩校是一所令人向往的学校。就像黑岩先生在本书中写到的，这一憧憬的象征，就是颜色既像卡其军装，又像马粪的那顶学生帽——马粪帽。这顶格外引人注目的马粪帽，成了阪神地区秀才的代名词。

现在，每年都有180名初中新生和通过考试录取的40名高中新生入读滩校。而这些学生在高中的成绩目标，就是"将年级名次死守在 100 名之内，进入两位数"！志在东京大学、京都大学及其他学校医学部的升学人数，合计约为 150 名，也就是说，滩校，就是一所只要学习成绩能进入前四分之三，就绝对可以高枕无忧的学校。

更令人惊诧的，是全日本难度之最——东京大学理Ⅲ（医学部）的滩校成绩。自 1962 年至 2009 年，47 年间，滩高共向东京大学理Ⅲ输送了 588 名学生，以倍于第二位喇沙高中（292 名）的成绩，将后者远远地甩在了身后。

毫无疑问，滩校，就是名副其实的全日本第一校。

◇◇◇

滩校的特点是，在读 6 年间，每一学科的执教者都是同一位老师。在这一制度下，每一年级的 200 多名学生，直到毕业都受教于相同的老师。

这一制度的好处是，每一位教师都可以制订为期 6 年的长期教学计划，学习进度可自由把握，而校方又把教育方针委托给了教师。如此，教师就完全可以勾画自己的教育理想并加以实践了。

这一制度下的教育，即便是像我一样自己都承认是落后生的学生，对先生们当年所施行教育的无限怀念，也同样是无法遏制。其最大原因在于，无论哪一位老师所上的课，都是个性十足。

本书主人公，国语教师桥本武先生就不用说了，他成名早，就像本书《新版前言》写到的，媒体和出版界对其都有介绍。虽然我是从其他中学毕业后考入滩高，无缘接触《银汤匙》国语式的文章训练，但一提起这一授课，认为精彩程度无人能比的同年级学生之多，是压倒性的。

高中的国语课，是从读透古典开始的。吉田兼好的《徒然草》走进课堂，随原作一起走来的，是桥本先生制作的问题集，学生们每周都要提交自己的解答，品评之后，先生再把模范解答给我们参考。这没什么，可怕的，是我们的课外自习任务，即每2～3个月就要把一本古典名著读完。从出题到阅卷、评分，都是先生一个人在做，劳动量之大是完全可以想象的。但就像本书所写的一样，即便是如此严厉的一位先生，同时又是宝塚歌剧的超级发烧友！桥本先生以他那软硬兼备的行事风格，把人生的微妙与天机亲身传授给了我们。

或许是将古典作品彻底读透之功，同级生中竟有人自己写起了古文！对多数学生来说，古文，光读就已是苦头吃尽，无暇他顾了，居然会有人自己动笔写，实在是令人叹为观止！

可能有读者会想，那除了桥本先生，滩校还有什么样的老师呢？在这里，我就介绍一下与国语同为主科的英语和数学学科的老师，以解大家的好奇之渴。

数学老师官原繁先生严谨耿直，做练习题时会让学生到黑板上写，然后他再一行一行地仔细增删，一边改一边讲解。数学考试很频繁，卷子批完后，他会逐个交到每一位学生的手里，有低于平均分的，拿学籍簿轻轻敲打其脑袋是例行仪式。总是被先生敲的我知道，敲脑袋的动作里，饱含着先生父爱一样的温情和鼓励，"啪"地一下敲下来时，心里的那种温暖和愉悦，直到今天都感觉得到。

因英语之故，俵伦一先生也令人难以忘怀。我们的英语课上没有语法、释义、作文训练等，而是直接把英文小说原著拿来，读透。但我们这一级在英语考试中表现不佳，于是不满就出现了，责怪没有系统的英语教学。但我却对俵先生的这一教学方式心存感激，正是这样的英语课才让我有幸接触到了柯南·道尔、威廉·萨默塞特·毛姆、查尔斯·狄更斯等著名作家的原著，体味到了外国小说的深层妙处。而俵先生的教育信念"英语的精髓，全在如何做到长文速读"也对我的人生产生了很大的影响。后来我作为研究生留学美国时，能顺利完成治学甚严的大学院教育，即归功于阅读英文教材的迅速，这也让我意识到了先生之授课所授予我的恩惠。

这里只举了三位先生的例子，但在当时的滩校，无视教科书几乎是所有科目教学的共性，每一位老师所施行的，都是充满热情而又富于个性的教育。从这一意义上来讲，其他老师也都有记录下来的价值，而黑岩先生先行一步，将对传奇教师桥本武先生的回忆著书刊行，实在是意义重大。而本书的写作也不失中学生的感性和视角，正可以说是一部黑岩版的《银汤匙》。

特别授课

充实人生的"八大要义"①

● 桥本武②

◆打破砂锅是干劲与自信之源

明治45年（1912年），我生于京都府官津市，兄弟9人，我是长男，自幼病弱。旧制中学在读时，我们家不幸破产，学业无着。后在班主任斡旋下入读东京高等师范学校。作为一名穷学生，我有幸成为汉字研究第一人诸桥辙次博士的助手，参与了《大汉和辞典》的编撰。因要从中国的汉文书籍中查找辞典所用例句的出处，需要付出相当大的耐心，正是通过这一工作，我亲身体验并学习掌握了"打破砂锅"的功夫。

毕业后到开校不久的私立滩中（旧制）任教，是昭和9年（1934年）的事，那年，我21岁。当时，私立校虽较公立

---

① 本篇由上村悦子组文，原载于2011年7月22日的《妇人公论》。

② 桥本武，明治45年（1912年）生于京都府。昭和9年（1934年）由东京高等师范学校毕业后，成为旧制滩中学校的一名国语教师。自21~71岁，在该校执教长达50年，为私立校第一次成为京都大学、东京大学的录取人数日本第一校做出了贡献。著作有《插图本古典全译　徒然草》《桥本武的假名纸牌》等。

校等而下之，但第一任校长要将滩校打造成日本第一校的巨大热情和滩校的自由校风却让我产生了好感，为不辜负校长的信任，我自然也是竭尽全力。对滩校的教师来说，一科目一教师，学生一入学就要带足 6 年，即一直带到他们毕业。在滩校的这一独有学制下，教师责任重大。尽管如此，对如我一样的新任教师也并无半句指示性的话，一切就都交给我了。信任至此，我的干劲也于倏忽之间涌了上来。

◆ 既想了解，是岔路也不断前进，但走无妨

战后，令人头疼的，是因军国主义被涂黑三分之二，字迹莫辨、不成样子的教科书。这样的书是没办法教的。就是在这样的情况下，我开始为能否给学生一个一生都会留在心里的国语课而苦恼。正在我思考该如何做时，恰逢昭和 22 年（1947 年）学制改革，滩校新设了高中部，开始推行初高中一贯制教育。我就以此为契机放弃了教科书的使用，决定在初中的 3 年时间里，让学生读中勘助的自传体小说《银汤匙》。

一旦成为教师站上讲台，首先会想到的一个问题，就是自己讲的学生会接受到什么程度。可回想自己的学生时代却令人愕然地发现，尽管还记着老师们亲切的面容，但上过的课却是再也记不起来了。唯一在脑海中浮现出来的，是小学

三年级的班主任老师堂堂正正地把话本小说带到课上，临场感十足地一边表演一边念给我们听，真的是非常有意思！而且，那些武林豪杰，像塙团右卫门直之、三好清海入道、真田幸村等人的故事，至今都记忆犹新。而我缠着父母买书，喜欢起了读书，就是从那时候开始的。还在小学六年级，我就把《东海道中膝栗毛》《椿说弓张月》等都读完了。或许，这就是我深知课堂跑题之开心、亲身体验之有趣的那个原点。后来，在东京高等师范学校读书时，有一段时间，我跟一位朋友展开了读书竞赛，这才知道了中勘助，并被他所描绘的世界深深吸引。

◆国语，是学习能力的脊梁，是生存能力本身

　　《银汤匙》是生于明治年间的中勘助先生的少年回忆录式小说，其故事，能让学生将自己与主人公的成长相重叠。而其语言，也是夏目漱石先生所称赞的"日语中的美文"。因该作品连载于大正初年的《东京朝日新闻》，各章都很短小，上课用很方便。并且各章又没有标题，让学生依自己的理解和喜好把标题加上去应该是不错的设想。

　　故事的舞台是东京庶民区，所以，小说中时时会出现关西人不懂的用词，有一些查词典也查不到，就写信向中勘助先生

求教，万没想到的是，先生竟修书信详细解答。后来，有的学生也学我的样子，不懂的地方直接给中勘助先生写信求教，中勘助先生也同样是非常耐心地予以解答。被先生的人品吸引，我和学生对《银汤匙》也就更为沉迷了。我也因此而确信，用这本小说作教材锻造学生们的国语能力应该行得通。

国语，是所有学科的基础，是"学习能力的脊梁"。观察能力、判断能力、推理能力、综合能力等，都要用国语能力打地基。有无国语能力，对其他学科的理解程度也会出现相当大的差别。走向社会以后的表达能力也是国语，将国语能力置换为生存能力也并不过分。无论环境如何变化，只要脊梁坚挺，总能把路走下去。

◆在意了就去体验——强烈地印入记忆

《银汤匙》课不需要学生做笔记。故事读解的助手，是刻板印刷的手写《〈银汤匙〉研究笔记》，每次我都事先准备好，上课发给学生，让他们填写。这门国语课的支柱之一，便是让学生亲身体验主人公的所见所闻。比如，出现了去杂果子店的场面，我就找来真正的杂果子带到教室，让他们亲口尝一尝；出现了放风筝的场面，就利用美术课时间让他们亲手做一个自己喜欢的风筝，大家再一起到校园里放一放。此外，比如"丑"字出现时，就给学生们讲一讲天干地支，再由此延伸到甲子园球场的命名由来、历法、时刻、中国的季节（二十四节气）。因总是会沿着岔路不断跑题下去，两周只翻一页的情况也经常发生。

学生们有疑问的一字一句，都让他们自己去查，去体验，去思考。明白之后，就让他们互相"报告"，反省。而我，就为学生们提供"吵吵嚷嚷的时间"。发现，就藏在"啊，是这样啊""啊，是那样啊"的思考和调查之中，自己发现的，就会强烈地留存在记忆之中。这一点是非常重要的。

另外，每个月我都会确定一本书，作为家庭作业让学生把梗概和感想写出来。

草书，现在的很多国文系大学生都认读不了了，但我当时让学生们阅读的古典作品就是草书体的，高二的暑假还让他们以 3 ~ 5 人为小组进行古典作品的自由研究，想不到，大家都拿出了不错的论文。在这样的学习过程中，学生很自然就能具备相当的国语实力，并不需要进行特别的应试训练。在很多人看来，这样的课旷古未闻，但之所以能自由地推行，也全因滩校是一所学生定员少的私立学校。

◆ 见效快的，失效也快

刚开始，有的学生也因《银汤匙》课进度太慢而心生疑窦。

我当时的回答是，速度并不重要，"见效快的，失效也快"。我还说，什么事物都好，我希望你们都能沿着自己的兴趣不断挖掘下去。有了自我发掘兴趣的人生态度，就会对所有事物产生兴趣。并且，自己调查，自己发现的，就会成为你一生的财富。结果，学生们的态度发生了变化，对任何事情都积极看待了。当我抱着刻印材料走进教室时，还有学生鼓掌欢迎。

初一年级一开学我就问学生，喜不喜欢国语这门课，结果，非常喜欢的占5%，非常讨厌的也占5%，剩下的90%则是说不上喜欢，也说不上讨厌。但到学年末，喜欢国语课的学生就猛增到了95%，但不喜欢的还是有5%，好在两边都不沾的"中间派"都变成了"喜欢派"。

到了今天，我所做的这些事，有人称之为慢速学习，也有人称之为综合学习，说得我像是某方面的先驱一样，但就我自己的感受来说，我只是得到了一个机会，能以自己喜欢的方式做自己喜欢的事，并能做到自己喜欢的地步。我不是教育学家，不是为实现某一教育理想而做的，我是行动在先。但我确实是一直在尽己所能地让学生们以玩的感觉去学习。一般都认为，"学习"与"玩"之间是互相抵触的，但实际上两者是一回事，学就是玩，玩就是学。

◆哪怕是年逾还历①也要大步向前

50 年为师，大约教出了 1000 名学生。71 岁时从滩校退休也已是大约 30 年前的事了。现在，我每月都会去文化教室教《源氏物语》。去年，也就是平成 22 年（2010 年），对我来说真是了不起的一年，接连发生了一生中最为快意的三件事。首先是大家为我庆祝白寿，其次是我的《源氏物语》现代语今译本公开刊行，再就是《奇迹教室》的发刊。该书之能面世，得益于第四代《银汤匙》学生，即神奈川县知事黑岩祐治君在《恩师的条件》一书中对我的授课进行了详细的介绍。这本书传阅很广，也没想到大家会这么吃惊。

滩校成为东京大学录取人数全日本第一是在昭和 43 年（1968 年），也就是《银汤匙》国语课的第三代学生高考那年。万没想到的是，滩校刚把日本第一拿下来，就有报纸无中生有地说，为"赶超公立校"，私立校无视人性，推行填鸭式教育，获得的荣誉也是肮脏的。报社又没来实地采访，写这样的批评真的是非常过分。这一批评传扬开去之后，其他学校的老师居然会带着这样的问题到滩校视察："滩校有音乐室吗？有手工室吗？"这也实在是"友邦惊诧"了。滩校虽一直被

———————————
① 指虚岁 61 岁。

173

误解为一所恐怖校，但黑岩君《恩师的条件》一书的发行，也终于让滩校的自由校风为全国所知。多亏我活到了今天，赶上了为滩校"平反"的时代，能亲眼看到这一天，是多么幸福的一件事啊！

在《奇迹教室》一书中，现任东京大学校长滨田纯一君说，我在《银汤匙》授课中所做的，与大学里阅读原著的方法相同。对一切事物都有兴趣，就会自发地积极地寻找答案。并不是我让学生去做什么，而是学生自己具备自发思考的能力。而能力，也只有自然具备的才是真正的能力。

更让人开心的是，借由《奇迹教室》一书，我也得知像第四代《银汤匙》学生——日本律师联合会事务总长海渡雄一君等众多的《银汤匙》学生，在已过还历之年的今天，也依然在大踏步前行，作为一名教师，没有比这更令人快慰的事了。我想，这也才是《银汤匙》国语授课的真正成果吧。

◆答案可置后，生疑要先行

在《奇迹教室》后记中，说我想再一次站上讲台，为学生们上《银汤匙》国语课，正在为之准备打印材料。事实上，今年的 6 月，我以周六讲座的形式开过两次课了。这把年纪，我也不能跟学校提要求让我去上课，之所以能再开《银汤匙》

国语课，也多亏了《奇迹教室》一书。可话说回来，只靠两次周六讲座，虽不能说完全不可行，但要把耗时 3 年所做的事都做完也是不可能的。所以，就像刚才讲过的，就给学生们讲一讲"以玩的感觉去学"。

举个例子，看到"玩"和"学"这两个字，你会想到什么呢？两个字的日语读音都是三个音节，且尾音相同，若去掉尾音，只是前面两个音节并没有什么意义，但只在后面加一个音节，字义一下子就深广了起来。那么，带有同样尾音的，表示人类及心灵活动的词，也就是动词，都有哪些？我们何不去搜集一下？

怎么搜集呢？可以按"五十音图"，即日式拼读的字母顺序去找，玩、浮、选、及、转、叫、忍……都带有相同的尾音，可实际一找才会发现，带有这一尾音的词汇竟是出奇地少。对于这一结果，你会做何感想呢？

此外，如此方便的"五十音图"到底是谁，又是在什么时候创造出来的？何不去调查一下？

现在的周六讲座，基本就是这样进行的。

无论面对什么事情，当时不知道答案也没关系，只要有个疑问留在脑子里，在某个时刻，你终会恍然大悟："啊！原来，答案就在这里！"或许，因要找到答案，有人最终会成为一

175

名学者，又或许，一件并不经意的事情，却让你最终留意到了什么。发现，就在自己这样去想、这样去查的过程之中，而你的兴趣，也会向无限延伸。

即便是成年人，也不妨潜心慢读一次。稍有不解就停下来想一想："嗯？这是什么？"即便自己的疑问不能马上解决，生疑就是解惑的第一步。能对各类事物生出疑问，兴趣就会日益广泛，人生也会更加的丰富和多彩。这一点，成年人也并无不同。

◆ 时髦是长寿的秘诀

9年前，老伴儿故去，自此一人独居，好在自年轻时起就自己做饭，倒是不以下厨为苦。每天，早晨7点左右起床，打开窗前的挡雨板，浏览一遍报纸上的标题，接下来就做早饭。没办法，家政人员只在近午时才来。晚饭与啤酒一起下肚之后，写写稿子。虽只是稍做一点工作便入浴就寝，可基本上已是凌晨1点。我不是把自己的"个人小史"做成了假名纸牌吗，"Ki"音那张，我写的就是"作息有规律，晚睡不早起"[①]（笑）。现在年纪大了，动不动就打瞌睡，有时候，正吃着饭，或喝着咖啡就打起瞌睡来了，于是"I"音那张就写作"善于瞌睡

---

① 这句话的原文首字为"规"，"规"的日语首音为"Ki"。

为健康之源"① （笑）。

上年纪之后，人体的各类机能都会衰退，留意健康就是一种时髦了。而在穿着方面，我对时髦的讲究始于婚后不久，在附近一家时装店内，我和妻子发现了一件郁金香图案的香港衫……直到今天，我的衬衫也是让裁缝用女性面料做。

去年的白寿寿宴，我穿了一身白色西装，上戴白帽，下配白鞋，胸口处别了一个鲜红的玫瑰装饰。等 108 岁茶寿时，我就把白西装染成茶色穿到身上。再之后，到了 111 岁的皇寿，我想穿皇帝之色——黄色，再配以黄金饰物。我已经准备了一条镶以法国古金币的绳状领带，还有一个金蛙戒指。既都准备好了放着也可惜，所以一有什么事我就会用，就当是"预演"。而到了 120 岁的大还历呢，我就想穿一身鲜红的西装，再配一件雪白的胸饰。驾鹤西游那天的短诗我也写好了，"与烈焰同行，化红莲之火而往天国"……

① 这一句原文以"打瞌睡"起句，打瞌睡的日语首音为"I"。

附 录

桥本武：用一本小说改写国语教育①

● 王 军②

　　多年以前，一位国语（语文）教师，弃文部省（日本行政机构之一，掌管日本教育、文化、学术等事务）审定教材而不用，中学三年只带学生精读一本薄薄的文库本（口袋书）小说，就把近三分之二的学生送进了日本的最高学府——东京大学，他任教的那所原本默默无闻的私立中学，也因此一跃成为"东京大学升学率"全日本第一的顶级名校……多年以后，他的学生遍地开花，成长为日本政经文教各界的领军人物：东京大学校长、日本最高法院事务总长、日本律师联合会事务校长、国会议员、县知事（日本都、道、府、县各地方公共团体最高长官）、经济学家、社会活

① 原载于《未来教育家》2014年4月刊。

② 王军，笔名王俊之。山东大学中文系1998届毕业生。本书译者。先后担任中学语文教师，《中国教师报》记者、编辑等。2005年起旅居日本，在中文媒体先后任记者、编辑、副总编辑、总编辑。

动家、电视台主持策划、作家、医生、医学家、文艺评论家……

以特立独行的教学一举颠覆了升学率与应试教育之间的固有联系，创造出奇迹般教育成果的这位国语教师，名叫桥本武。2012年100周岁的他，依然在市文化中心开办讲座……这位兴趣广泛、行为高调、穿着时髦、潇洒倜傥的国语教师，因其发型与当年差点与日本公主成亲、首字母为H的一位异国王子极像，所以上课第一天便被学生送了个外号——"H先生"。

1934年春，21岁的桥本武从东京高等师范学校毕业，失魂落魄地走进了一家"破落户"私立中学——兵库县神户市的滩校。此前，老师为他联系到了一家公立中学，但直到同学们陆续离校赴任，一个不剩了，他却等来了公立中学任教一事最终泡汤的通知。

但谁都不曾想到，就是这所接收公立中学落榜生的"破落户"学校，在桥本武进校后的第16年，在他怀揣"让学生拥有真正的学习能力"的朴素祈愿，抛开文部省国语教材、以一本小说展开授课后，第一届毕业生就让滩校的东京大学录取率实现了零的突破，且数量多达15名！第二届考入东京大学的学生增至39名，考入京都大学的学生52名，京都大学录取率全日本第一！

1968年3月20日，东京大学发榜，桥本武的第三届学生，竟以132名（定员200名）被东京大学录取的惊人成绩，位居东京大学录取率全日本第一位！这即使在整个日本私立高中的群落里，也是前无古人的奇迹！这一天，桥本武终于实现了将"破落户"滩校打造成"日本第一名校"的梦想，也达成了滩校第一任校长真田范卫的生前宏愿……

如今，地处关西的滩校，已然稳坐"顶级中学名校"的宝座，名声也早已跨出关西，远播至日本的一都一道二府四十三县。就在动手写这篇稿子的时候，刚开学的日本学生仍在讨论去年的滩校升学榜——"我觉得，滩校的学生比东大学生还牛。""你说，面试滩校学生时，东大老师会不会紧张得尿裤子啊……"

◆给不了你荣耀的光环，给得了你绝对的自由

真田范卫，滩校第一任校长。说到桥本武创造的奇迹，不能不提到他。在很多人看来，他是一个主动辞去京都公立名校校长职务，奔赴刚创立的私立滩校、出任首任校长的"异人"。更让人不能理解的是，他对私立中学的定位，准确地说是对滩校的未来，抱有一个痴人般的梦想——把滩校打造成"日本第一名校"！

尽管如此，在桥本武垂头丧气地来学校报到的时候，

他却没有任何办法能让这位年轻人振奋起来。在当时的社会意识中，私立中学较公立学校等而下之，且招生困难，存废难料。在桥本武毕业的1934年，东京高等师范学校毕业生的正常发展道路是：进公立学校，由老师到校长，由校长到督学……而进了私立中学，等于这条出人头地的路，在入口就给堵死了，更何况是这样一所当地垫底的私立中学。

"教师这一行，不干十年，顶不起大梁。"对着初次见面、满脑子想着"干两三年就走人"的桥本武，真田范卫不紧不慢地说。"很多有趣的事情，在公立中学不可能做，但在这里，你都可以自由地尝试。"什么都给不了的真田校长，给予了这位新教师完全的信任和授课的绝对自由。

真田范卫的表态应该是有效的。桥本武留了下来，且一留就是50年。事实证明，对于桥本武的授课，这位校长真的奉行了"不插嘴，不监督，也从不过问"的"三不政策"。而这种"与其灌输注入，不如引泉自出"的理念，正是16年后"桥本式"独到授课的精髓所在。可以说，没有真田校长"三不政策"之下的自由探索，就没有桥本武"传奇授课"的诞生；而真田校长生前"把滩校打造成'日本第一名校'"的梦想，也由桥本武变成了现实。

◆绝地，还是良机？不幸，还是大幸？

"给学生真正的学习能力"，这是桥本武从教之后一直念叨的，但真正开花结果，却源于似乎毫无关系的"1945神户大空袭"及日本被美军占领，这两件事导致的结果，就是物资匮乏、教材短缺。当时，救济粮不能果腹，孩子们四处捡美军军车路过后扔下的空罐头盒，抢食残渣，校园里沉寂冷清。桥本武也无奈地挥起了锄头，在校园里开荒种地，到路上捡粪作肥。收获后，他还把粮食送给学校周围饥肠辘辘的居民。在吃穿无着的情况下，教材的短缺自不必说，就是能拿到手的，大部分内容也因"宣扬军国主义"，被盟军一声令下涂成了漆黑一片，字迹莫辨。国语课已经没有办法开下去了。

这对国语教师来说，无疑是身临绝境般的一大灾难，但对于一直想在国语教学中取得实质性突破、已有10余年自主授课尝试的桥本武来说，正是千载难逢的大好时机！

"真正的学习能力""真正的国语能力""真正的、生存的、活着的能力"……自从教以来，桥本武经常痛苦地扪心自问：自己中学所学的课文，为什么早已全无印象、片字不留？更可怕的是，每每翻起手边的教材，他感觉自己现在做的，也只是让自己身上的悲剧在一届届学生的身上不断重演！每当想到这一点，桥本武都会被痛苦和绝望淹没！面对着仅有的、大半被涂黑的教材，桥本武突然被一个想法点燃了——"自己动手做一本国语教材！""既然要做，就做出自己的特色！"

经过无数个通宵达旦的挑选和缜密的准备，1950年，一本前无古人、全世界都罕见的国语教材——手刻版《〈银汤匙〉研究笔记》诞生了。

这一年，桥本武37岁，是他进入滩校、也是执教国语的第16个年头。

在桥本武在滩校自主教学改革的同时，整个日本的教育也在发生着变化。1947年，日本教育体制在盟军总司令部的指导下，进行了"六三三四制"改革。为了顺应这一改革，滩校新设立了高中，采用初高中一贯制，实行一学科一教师，由初一带到高三，如何授课全由教师自主掌握的独特教育机制。

这项教育改革带给桥本武更大的实验空间，他所教授的学生缩减到全校的1/6。也就是说，一直接受"桥本武式"授课的学生，只占全校的1/6。到桥本武退休，其独特的《〈银汤匙〉研究笔记》授课，也只惠及了五批，总计1000名学生。而他们，就是近两年被媒体发现，令日本社会刮目相看的"1/6幸运儿"。

◆学生能珍藏起一本中学教材，学生把得遇某老师视为幸运

1950年4月的一天，初一学生古见良平参加完滩校入学典礼，回到家，拿出刚发的国语课本——一册仅200页的小说《银汤匙》，大惑不解。"这是……国语教材吗？这所学校还真有个性……"翻开来一看，这本年代久远的小说里，很多字词从没见过不说，不明其意的关东语与关东地区的特有习俗也是随处可见，标点符号又少得可怜……"为什么要用它作国语教材啊？"与古见良平一样，很多学生也啪啦啪啦翻起了这本特殊的"国语课本"。当了解到主人公的年龄比自己还小，母亲身体病弱不堪，无法对其进行照顾，整个故事都是围绕着主人公与受托伯母等人之间的琐事时，大感索然无味……

这时的古见良平怎么都想不到，就是这本初翻时了无趣味的小说，最终会成为他与大家一生珍藏的唯一一本中学教材。

2005年，桥本武的学生，时任神奈川县知事的黑岩祐治出版了《恩师的条件》一书，回忆当年的《银汤匙》授课，并追问日本处于两个极端的宽松教育和应试教育；2009

年，日本广播电视协会根据此书顺藤摸瓜，制作了一期桥本武的专题节目。观众反响强烈、要求重播的结果，就是让百岁的桥本武迅速成为时下的名人。在媒体后续播放、刊登的画面中，桥本武的一个个"老学生"，从书架上抽出那本早已泛黄的《〈银汤匙〉研究笔记》的情景，让很多教育人感慨万千。

有一个数字，似乎可以看出大家如此珍视的端倪。在滩校入学之初"是否喜欢国语课"的调查中，桥本武的学生中，只有5%选择了"是"，而在接受授课一年之后，这一比例竟然猛增到了95%！

在谈到桥本武老师时，学生最常用的词语就是"幸运"。毕竟，"滩校的教学制度决定了，每六年才能有一批学生上桥本老师的《银汤匙》课"。而就是这些幸运的学生，在走向社会以后，像是约好了一样，创造了各自的话题性作品、节目，开创了各自所在领域新的模式、产业和规模，催生了对日本社会影响深远的新制度……也像是约好了一样，他们把各自的成就，都归因于桥本武老师《银汤匙》授课为他们打下了一生的基础……

《银汤匙》到底是一本什么样的小说？桥本武用这本小说教给了学生什么？

1949年，自《银汤匙》在《东京朝日新闻》连载已经过去了36年。而在偏居关西一隅、刚从"神户大空袭"中恢复元气的滩校，37岁的国语教师桥本武突发奇想，翻出了这本令他为之倾倒多年的小说。

"从下一届新生开始，中学三年，我要带领学生把这本小说读精、读透，一直读到边边角角无所不知！"堪称"旷世奇闻"的国语教学，就从这一刻开始了。

在后来接受媒体采访时，头戴贝雷帽的"H先生"这样阐述用《银汤匙》授课的原因："到滩校任教以后，真田校长把信任完全交给了我，为摸索出最好的教学之道，我进行过很多的尝试，但最终还是感觉，如果按教学大纲教下去，什么都不会给学生留下。这一点，看看自己的中学时代就很清楚了。所以，我一直都想找到一本能成为学生一生食粮的教材。中勘助先生的《银汤匙》，主人公（章鱼小和尚）也是一位十多岁的少年，与学生年龄相近，他的经历很容易引起学生的共鸣。小说最初是以报纸连载的形式发表，每一章都非常短小，作为教材也很合适。全书用诗一样的语言写成，对我自己的写作也产生了很大的影响……"

现在来看《银汤匙》，也是日本文坛罕有的佳作，仅靠句子流动就能带来一种独特美感，反复阅读而不会心生厌烦。但作品再好，只当小说或散文一读倒没什么，如果要将之作为中学三年的国语教材，事情恐怕就不那么简单了……

下定决心的桥本武此后投身其中的，已不再是寻常的"备课"，而是一场向自己发起的，"一个人的战争"！

◆披星戴月，三更灯火；西风碧树，独上高楼

从1949年到1950年，桥本武围绕着这本薄薄的小说，进行了足足一年的"课下准备"。"放学后留在学校研究，太晚了就把资料抱回家，吃完晚饭，再接着研究，经常到凌晨两三点。"

在教风自由的滩校，抛开文部省的审定教材不会遇到

任何阻力，但这也意味着，随教材而来的教学大纲也不复存在。为把这本薄薄的小说变身为可以连讲三年的中学国语教材，桥本武必须亲手制作一本"一个人"的教学指导纲要——各章的授课时间应如何分配？每一章应拟什么样的标题？（在《东京朝日新闻》连载时，各章只有数字序号）每一章都写了什么，以什么样的顺序写成？哪些地方是教学的重点，为什么是重点，又该如何讲解？文中被誉为前无古人的"日语之美"，到底美在什么地方？为什么美？……桥本武必须一一做出回答。

最难的是，《银汤匙》是三十多年前的一部作品，小说背景又在地处关东的东京，很多词语、表达方式和文化习俗，连桥本武自己都弄不明白。当小说来读倒无大碍，但作为教材，必须把边边角角彻底搞清！桥本武再清楚不过的是，如果有地方弄不明白，会让自己多么难堪！记得刚执教时，自己因讲不清国语语法而出丑，他痛下决心，把整整一个暑假交给了"日语文法"，从头学起……

为彻底搞定《银汤匙》，桥本武自掏腰包，购入了大量的历史书籍及各类辞典，对遍布于《银汤匙》之中的特定用语和书中涉及的历史、文化、风俗、掌故等，进行了彻底的调查和研究。连文中无关紧要、可一笔带过的孩子们当时吃的零食糖果、玩过的玩具，他都毫不含糊——在桥本武眼中，这些，包括身边再寻常不过的事物，都是文化，理应囊括于国语授课之中。

就算是这样，在笔法清新、文化含量极为丰厚的《银汤匙》中，遍查资料仍不得要领的地方还是频频出现。一个关东，一个关西，30年过去了，日本的发展翻天覆地，很多东西已难觅踪影。要彻底搞清，谈何容易！

在桥本武山穷水尽、万般无奈的时候，一位难得的"战友"出现了——这就是当时依然健在、时年64岁的《银汤匙》作者——中勘助！

在千查万找仍不得其解的时候，桥本武虽觉失礼，心有惴惴，也只好致信中勘助求教了。而他们两位，也从此结下了不解之缘，终成忘年之交。而中勘助在书信往来中的答疑，也被桥本武原封不动放入了《〈银汤匙〉研究笔记》中，成为学生们国语课堂中《银汤匙》解读的一道"奢宴"——真实地触摸到了"章鱼小和尚"背后那位谦逊的大作家！

当《〈银汤匙〉研究笔记》最终完成、桥本武寄给中勘助以示答谢时，中勘助大为感动，在回函致意时动情地写道："虽自幼不擅为文，不想却以此为业……无知陋昧如我，先生竟以琢以磨，至于如此地步，实令在下汗颜……"《银汤匙》授课两年后，中勘助夫妇到京都游玩，寄宿金阁寺。桥本武带领五名学生前往会面，成为一段难得的佳话……

就这样，1950年，沉甸甸的《〈银汤匙〉研究笔记》终于诞生了！抚摸着这本厚重的、自信满满的研究笔记，桥本武突然做出了一个重大决定——"要真正赋予其生命"！

◆有"教"无真"学"，无"解"见真"知"

一手打造了滩校自由教风的首任校长真田范卫，在战争结束后的次年3月因病去世，但他"与其灌输注入，不如引泉自出"的治教理念却被继任者们很好地坚持了下来。不知是否与此有关，可能桥本武自己都不太清楚，1950年，自主授课已长达16年之久的他突然决定，要让学生们自己动手，花三年时间，各自完成一部真正属于他们自己的、独一无二的《〈银汤匙〉研究笔记》！

……

一年级暑假结束，开学后的第一堂国语课，当时正痴迷于天体观测的12岁少年海渡雄一（日本律师联合会第36任事务总长），在听完桥本老师的一段朗读之后，眼前猛地一亮！

"啊？这回，又要发什么?！"

镜片后掠过一抹调皮的坏笑，桥本老师把一个大大的纸袋放在讲台上。"'银汤匙宝盒'又要打开啦！"——在课堂上，桥本武会经常拿出小说中虽有、生活中却已踪影难觅的各类玩意儿，一次次弄得学生们大吃一惊！

不一会儿，教室里已是热闹一片。学生们嘴里嚼的，正是桥本老师刚发的，也是刚刚桥本老师念到的，小说主人公吃过的传统甜点——各式杂果子！

海渡雄一一边嚼，一边听着桥本老师的朗读，一边感受着中勘助先生的形容之妙——"一般来说，嚼糖果都用象声词，而中先生用的词确实更为柔和传神，还透出了一丝甜意，妙啊！"在书中"请把自己感觉到语言之美的句子抄写下来，并阐明原因"一栏下，海渡雄一把刚才自己赞叹的整个句子，及刚刚所想的，原封不动写了下来。

"我不要标准答案，只要你们当时最真实的感受和真正的想法，并把它们留在自己的笔记里。"桥本武对学生们说。而这一点，也直接体现在了他的评分标准之中，不论赞成还是反对，有无文采，只要是真实的感受和想法，就是满分。所以，学生们在《银汤匙》笔记里留下的，实际上是与主人公一起成长的最为真实的情感和思考记录，但又远不止这些。根据桥本老师教授的制书方法，学生自己打孔穿线，最终装订成那本属于自己的《〈银汤匙〉研究笔记》，让每一个人深入到了《银汤匙》世界的内部，为探明究竟而四处查找的大量资料也永远保存了下来……

而在《〈银汤匙〉研究笔记》中，黑岩祐治最喜欢的一个栏目，叫"自拟各章标题"。年轻时的他，为小说前四章拟订的标题依次是："银汤匙的回忆""银汤匙的由来""关于伯母""我"。而到后来的章节，他就很有些奔放不羁的"独创"了："了不起，了不起""自立""诱惑""爱能忍得住吗""恋人啊，快快扑进我的怀抱"……"现在翻起来都会脸红，"黑岩祐治说，"它不再是毕恭毕敬供奉有加的'名著'，而成了被亲近感取代的自己的'作品'了。"

"让学生们亲手去完成我曾做过的工作，一起深入了解小说中的一切，并记录进笔记，到最后，他们就会成为《银汤匙》的另一个作者。"在2012年春天举办的一次小型讲座中，桥本武披露了自己的初衷，"这个过程，将赋予学生真正的学习能力。灌输只能应付一时，而不可能成为他们受用一生的真正的学习能力。在好奇和兴趣的指引下，学生自发的调查、自己的思考和真实的感受，才能成为真正属于他们的一生的财富。"

人，就是"一根有思想的苇草"，能否忠实于自己的感受和思考非常重要。战后饥困之际在校园内开荒种地的桥本武，得到了另一番教育的启示——"阳光、天气、水分、土壤，任何一个条件若稍有不同，就会影响到作物的味道，甚至是形状！"

　　对日本医疗现场的不懈追踪，催生了紧急医疗救护员制度，并因此获"日本民间放送联盟奖"的黑岩祐治，在《恩师的条件》一书中，把自己的成就悉数归功于当年的中学国语老师——桥本武！包括他成功竞选神奈川县知事在内的每一个进步，他总能追索到桥本武在中学课堂里的一次次教诲……

　　不只是他，东京大学第29任校长滨田纯一、总务省自治体卫星通信机构专务理事吉川健太郎、驻卢旺达特命全权大使畑中邦夫……活跃于各自领域最前沿的一代代《银汤匙》学生们，莫不如是！著名节目制作人，如今已是电视传媒集团NHK常务董事的平贺彻男，更是把桥本武的国语课，比喻为自己"人生的堆肥"——"刚踏入社会不久就意识到，啊！刚刚做出的这个决定，刚刚采取的这个行动，不正来自桥本先生当年的教诲吗？类似的事情，工作之后经常出现，一直到现在……"

让我们从《〈银汤匙〉研究笔记》中"自拟各章标题"这一栏目开始，寻找让一代代《银汤匙》学生们拍案叫绝、念念难忘的真正原因……

◆ "标题拟订"各尽其言，"共同研究"彻夜激辩

翻开《〈银汤匙〉研究笔记》的前几页，在"自拟各章标题"后，会看到紧跟着的另一个栏目——"校内共拟的标题"，即所有同学发表自己对标题的看法，进行充分说明后，由全班同学一起拟订"最后的决议"。

对比黑岩祐治给《银汤匙》前四章拟订的标题，"校内共拟的标题"依次如下："故事开端""银汤匙的由来""伯母夫妇"和"章鱼小和尚"。"当然，这也不是标准答案，"黑岩祐治在《恩师的条件》一书中回忆说，"比起记住一个标准答案，自己尝试拟订标题的思考过程和了解其他同学的不同想法，才是最重要的。"

对于这一点，毕业于东京大学医学部的医师平野敏夫，更是在自己的工作中别有一番深刻的体会："桥本老师的课是参与型的，每个人都可以自由地发表意见，与其说是教，

不如说是把大家的想法引导出来，再一起调整。在桥本老师的《银汤匙》课堂上，既可以自由发表自己的感受和思考，又能在比较中加深对自身的认识，并形成倾听、了解及尊重他人的良好习惯。比如我从事的医疗环境改善工作，不能因为自己认为好，就单方面地强加给别人。真正理解了他人的想法和处境，才会有'真正的健康'。而对患者的倾听，也正是一名医师最为需要的……"

桥本武的学生是幸运的。在对人格养成至关重要的年少时期，他们就能认识到：这个世界上的很多事情，并没有标准答案，需要的是我们无止境的探索；而我们每个人，也都有自己独特的个性，都有属于自己的别样感受和不同的想法；我们需要表达，也需要倾听，更需要对他人观感的无条件尊重……能深刻体认到这一点，无论从文从理，是何专业，《银汤匙》学生们能成为各自领域的领军人物，已然不再让人诧异！

这一点，除了集中体现在《〈银汤匙〉研究笔记》的作业上，还体现于桥本武特有的"古典作品共同研究"中。

这一做法始于1967年。而这批学生，正是于一年之后以132名东京大学录取生的惊人成绩，将滩校一举推向"东京大学录取率日本第一"的第三期《银汤匙》学生们！

从这届学生高二开始，桥本武第一次布置了一项作业：3～4人为一组，自由结合，限期四个月，只要是古典作品，不分日本内外，以组为单位拿出最终研究结果！自入中学以来便与老师一起深入挖掘、充分探讨，每月撰写一篇研读笔记的《银汤匙》学生们，就此展开了一场高水平的"秋操大会典"……

至今，回忆起聚集同学家中，围绕共同选定的古典作品彻夜激辩的一幕幕情景，黑岩祐治依然心潮澎湃。有时虽然争得面红耳赤，不欢而散，但最终拿出的"研究"结果，却又令每一位小组成员倍加爱惜，珍藏至今。在四十多年后的今天再来看，这些曾经的高二学生所涉猎的作品及拿出的结论，也让众多语言文学专业出身的学生击节赞叹，自愧弗如……这些《银汤匙》学生们，即便不看其后的不凡成就，早在中学时，他们就已然不同凡响。

"搜集的大量资料""自拟各章标题""校内共拟的标题""古典作品共同研究"无疑是让人惊叹的，但除了这些，在一代代《银汤匙》学生们的身上，那股无以遏制的旺盛求知欲、无尽探求心的原动力，到底来自哪里？仅仅是可以充分表达自己的感受和想法，能够自由地展开彻底的交流和讨论吗？

若追问下去，我们就会在桥本武的国语课堂中，发现另一个调动起学生好奇心、激发出学生的强烈兴趣、掀起他们对文化世界的无限向往的重要因素——桥本武把自己的国语课堂打造成了一个妙趣横生的"最棒的纸画剧场"！

◆始于好奇才有真正的学习，激起兴趣方为真正的老师

当第一届《银汤匙》学生一把抹去滩校东京大学录取率的光头历史时，当第二届《银汤匙》学生创下"京都大学录取率全日本第一"的美名时，著名的国文学者山岸德平教授难抑内心的好奇和冲动，慕名亲赴滩校，专门考察这种"突然从破落户私立滩校冒将出来，委实不可小觑的桥本式小说国语教学"。但最终，他本欲发掘教学新天地的一腔热情，却被桥本武的授课方式彻底浇灭，只留下了"跑题跑得……是不是有点太远了"的批评。

"跑题？这正是我想要的！"面对教授的评价，日本媒体这样形容当时的桥本武——"依然故我，不为所动，一笑了之"。但实际上，超级"跑题"的授课方式，既包含了桥本武对国语课的独特理解，也有着不得不为之的另一层考虑——"只用一本小说授课终有不足，如果不'跑题'，就很容易走偏。"桥本武说。但正是这种"跑题"的方式，却

产生了意想不到的绝好效果！就让我们潜入60年前的滩校，走进桥本武"跑题太远"的国语课堂，一窥究竟——

与山岸德平教授一样，刚坐下，我们就会被桥本武的"跑题"给弄得瞠目结舌！《银汤匙》课上，桥本武一旦站上讲台，张嘴开讲，那真是"动辄离题万里，一如野马脱缰"——若小说中出现"丑红"（防止口干的一种药物，因其于"寒丑"之日出售而得名）一词，桥本武便会由"丑"字"跑题"开去，从古代中国的天干地支，讲到表年历方位与时刻的正确方法，讲到"时入丑三，草木入眠"的真正含义，讲到预测人生运势的特殊功用，再深入到中国的五行思想、二十四节气中大自然的万千变化……一个"丑"字，愣是一节课都没能讲完！

在《银汤匙》课堂上，桥本武那一年的充足准备和多年来的阅读积累完全释放，并大发神功——随时会把小说中的一个字、一个词，变成一个个深入到历史、文化、社会与生活内部的入口。忽而由日本各地的神话传说跑到阿拉伯的"一千零一夜"，不经意间又由日本的武勇传奇牵引出了中国的孙子兵法，由司空见惯的"寿司"讲到了"侍女用语"，从一间小小的"神社"讲到了"母子卧雪"的故事……直讲了个古今"日"外，天马行空！而最终呈现的，却是一个突破学科限制，强烈刺激学生好奇心、求知欲，博大精深又互有牵连的浩瀚世界……

难怪当时的学生，会把桥本武的国语课比作"世界上最棒的纸画剧场"！

且不说自小在日本文化中长大、感受会更加丰富的《银汤匙》学生，只说我，在试图还原桥本武国语课的过程中，其无处不在、妙趣横生的"跑题"，让我这个外国人都对日本文化生发出了不同以往的感受，产生了巨大的兴趣，以及进一步深入了解的好奇和欲望！我也终能约略感知到，桥本武当年的学生，是在什么样的心情之下，急不可耐地投入到《〈银汤匙〉研究笔记》的最后完成之中；也终能隐约地听到，当桥本武抱着一大摞油印笔记走进教室时，学生们报以的热烈掌声了……

"能勾起学生的兴趣与好奇，让学生们生出深入了解的冲动和欲望，自发采取行动，才是真正的教学。"桥本武说。虽不便更深入地一一展开，但要说到"跑题"所能产生的奇效，实际上，中国几代相声大师的传统段子，无不是成功的"跑题"范例！回味一下大师们曾经带给我们的精神愉悦，再联想到段子中无意间已浸入我们体内的文化元素，也就能有所体会了。不同的是，桥本武的"跑题"，会时时伴随着师生之间、同学之间的各抒己见深化扩展，并在《〈银汤匙〉研究笔记》中形成永恒的文字记录。

和其他《银汤匙》学生一样，山崎敏充对桥本老师的课非常感念："虽说我从事的是法官工作，但最终说话的，并不是法律知识，而是我们常说的'综合素养'。综合考察不同社会领域的情况、现象，以此为基础展开思考，这一基本认知的坚实根基，正是在桥本老师的课堂里打下的。"不可否认的是，这种素质与桥本武貌似天马行空、汪洋恣肆，实又紧密牵连于一处的超级大"跑题"，都有着密不可分的深度联系。

◆无法给出结语的"结语"

最早发行《银汤匙》单行本的岩波书店，曾在2001年出版过少女漫画家北原菜里子的一本书，在谈及自己对职业之路的设想时，北原菜里子说："真正的兴趣，会让你无法止于观望，而是不由自主地采取行动。"

"不由自主地采取行动"，就像一收到《〈银汤匙〉研究笔记》便立即扑到桌前，削好铅笔、搬出辞典的椚西雄介；就像非让爸妈买一本更大的《汉和辞典》，以把所有带"鱼"的汉字填入《〈银汤匙〉研究笔记》的黑岩祐治……《银汤匙》学生们真正用于备战高考的时间，只有高三一年——"无法止于观望"的兴趣被调动起来，学生就会"不由自主地采取行动"，四处搜集资料，经由一个个入口，深入到自己国家的语言，探入到本国文化浩瀚汪洋的内部……如此，学生会具备多么强大的学习能力，构筑起多么丰厚的素养累积！又有多少人，能在"高考"中成为他们真正的对手?!

日本律师联合会第36任事务总长海渡雄一，在谈到桥本武的国语课对自己的影响时，曾述及以下的感受："实际上，几乎每一宗案件都会涉及完全陌生的领域，就像当初坠机事件的遗嘱辩护，自然要触及航空工学，很多事情都要从零学起。而桥本老师教给我们的，就是要化无知为探索的入口，想尽一切办法，深入到不同事物的内部，探求它的本质和真髓。"当时才二十出头的年轻律师海渡雄一，为打赢那场遗嘱官司，需要撰写专业性极强的律师团调查报告，几乎天天都在研读航空方面的专业书籍，实在不懂就跑去东京大学，约航空工学的教授当面求教，最后，他已俨然变成一名航空工学的专家。

在桥本武眼里，他一直想给，也一定要给学生的"真正的学习能力"，就是一个人"真正的、生存的、活着的能力"，是支撑一个人站立于人生这个大舞台之上屹立不倒、阔步前行的真正的"脊梁"——"无论时代如何变迁，无论环境怎样变化，有了真正的学习能力——这根坚挺的脊梁，我们，总能走下去……"桥本武这样说道。

我想，桥本武的学生们，在人生这场"没有标准答案"的真正大考中，交出来的一份份答卷，应该就是桥本武这一见地最好的注脚……

对于这位已是百岁高龄，曾经的"铁汉"——日本教师桥本武，对于他50年的教学探索、实践，我们难以给出一个真正的结语。在不能算结语的"结语"中，仅让我们以他的《银汤匙》课做参照，一起看看日本文部科学省教育指导方针的变迁：

《银汤匙》国语开课50年后，2000年，日本文部省试行设置以学生兴趣为中心、各学科相互打通、着重于自主探索的综合性学习；

《银汤匙》国语开课55年后，2005年，日本文部科学省明确提出多角度思考、全方位比较、深化学生主体认知的所谓"读解能力提高计划"。

抛开审定教材，捡起一本小说的桥本武，实际上，已带领自己的学生，比文部科学省指导下的日本教育先行了整整半个世纪……

出版人 李 东
策划编辑 刘 灿
责任编辑 颜 晴
版式设计 徐丛巍 沈晓萌
责任校对 张 珍
责任印制 叶小峰

图书在版编目（CIP）数据

　　全世界都想上的课：传奇教师桥本武的奇迹教室/（日）黑岩祐治著；
王军译.—北京：教育科学出版社，2016.9（2024.1重印）
　　书名原文：Nadachu Kiseki No Kokugo Kyoshitsu
　　ISBN 978-7-5191-0806-9

　　Ⅰ.①全… Ⅱ.①黑…②王… Ⅲ.①中学语文课—教学研究
Ⅳ.①G633.302

　　中国版本图书馆CIP数据核字（2016）第236275号
　　北京市版权局著作权合同登记章　图字：01-2015-0699号

全世界都想上的课——传奇教师桥本武的奇迹教室
QUANSHIJIE DOU XIANG SHANG DE KE—CHUANQI JIAOSHI QIAOBEN WU DE QIJI JIAOSHI

出版发行	教育科学出版社			
社　址	北京·朝阳区安慧北里安园甲9号	市场部电话	010-64989009
邮　编	100101	编辑部电话	010-64981265
传　真	010-64891796	网　址	http://www.esph.com.cn
经　销	各地新华书店			
制　作	北京金奥都图文制作中心			
印　刷	保定市中画美凯印刷有限公司			
开　本	889毫米×1194毫米　1/32	版　次	2016年9月第1版
印　张	7.625	印　次	2024年1月第11次印刷
字　数	105千	定　价	29.80元